ARD-Ratgeber Recht

Herausgeber

Karl-Dieter Möller

Thomas Nell

WDR Fernsehen SWR

Eine Produktion des Westdeutschen Rundfunks Köln
und des Südwestrundfunks
in Zusammenarbeit mit den Verbraucherzentralen

verbraucherzentrale

Von jeher wirft die Trennung von Eltern Probleme auf, wenn es um das Sorge-, Umgangs- oder Unterhaltsrecht der Kinder geht. Mit der letzten Reform vom 1.9.2009 wurde die klare Zielsetzung verfolgt, ein einvernehmliches Handeln der Eltern zum Wohle der Kinder zu begünstigen.

Unter diesem Leitgedanken gibt der vorliegende Ratgeber eine Hilfe zum Verständnis der Problematiken, die bei einer Trennung oder Scheidung entstehen. Zahlreiche Fragestellungen werden in diesem Ratgeber beantwortet und mit Entscheidungen der Gerichte belegt. Checklisten sowie das Muster einer Umgangs- und einer Unterhaltsvereinbarung oder der Abdruck der aktuellen Düsseldorfer Tabelle und der relevanten Gesetzestexte machen den Ratgeber zu einem praxisrelevanten Nachschlagewerk.

*Michael Krekeler* ist Rechtsanwalt in Düsseldorf und zugleich Fachanwalt für Familienrecht. Er ist seit vielen Jahren auf dem Gebiet des Familienrechts tätig und hat das bislang von *Dr. Walter Röchling*, Familienrichter am Amtsgericht Mönchengladbach-Rheydt, verfasste Werk für die Verbraucherzentrale grundlegend überarbeitet. *Dr. Röchling* hat hierbei beratend mitgewirkt.

Walter Röchling, Michael Krekeler

# Eltern und Kinder bei Trennung und Scheidung

verbraucherzentrale

- **Tipp** Ratschlag
- **!** Wichtig
- ✓ Checkliste
- ✉ Musterbriefe, Vorlagen
- **§** Rechtslage

**Bibliografische Information der Deutschen Bibliothek**
Die Deutsche Bibliothek verzeichnet diese Publikation in der Deutschen Nationalbibliografie; detaillierte bibliografische Daten sind im Internet über http://dnb.ddb.de abrufbar.

Diese Publikation erscheint im Rahmen der Verlagsgemeinschaft Stiftung Warentest und Verbraucherzentrale Nordrhein-Westfalen e.V.

1. Auflage 2010

Printed in Germany.

Internet: www.vz-nrw.de

ISBN 978-3-940580-52-8

# Liebe Leserin, lieber Leser, und natürlich auch: Liebe Zuschauerin, lieber Zuschauer des ARD-Ratgeber Recht,

die Welt wird täglich komplizierter. Die Welt der Paragrafen sowieso. Ständig wächst der Berg von Verordnungen, Gesetzen, Urteilen und Meinungen. Die Paragrafenwelt verständlicher für Sie – unsere Leser und Zuschauer – ausfallen zu lassen, das ist das erklärte Ziel des ARD-Ratgeber Recht.

Es gibt dabei wenige Sendungen in der deutschen Fernsehlandschaft, die Sie, unsere Zuschauer, so häufig zu Papier und Füller greifen lassen (oder Sie dazu bringen, Ihr Mail-Programm zu starten), wie der ARD-Ratgeber Recht. Dafür bedanken wir uns – und auch für das Vertrauen, das Sie in uns setzen. Leider dürfen und können wir Ihnen nicht die umfangreichen Auskünfte geben, die wir Ihnen gern geben würden. Denn unser Programmauftrag besteht darin, Rechtsprobleme und juristische Fragen auf einer leicht verständlichen Ebene aufzuarbeiten. Die Rechtsauskunft und die Rechtsberatung im Einzelfall gehören nicht dazu.

Umfangreichere Informationen, die die Sendungen ergänzen, bieten wir dem interessierten Publikum seit vielen Jahren mit der Buchreihe zum ARD-Ratgeber Recht an. Die beiden ARD-Sender, die den ARD-Ratgeber Recht produzieren, nämlich der Südwestrundfunk (SWR) und der Westdeutsche Rundfunk (WDR), betreuen diese Reihe gemeinsam. Ziel ist, verständliche und erschwingliche Bücher zu den juristischen Themen aus unseren Sendungen anzubieten. Unsere erfahrenen und juristisch geschulten Autoren können in allgemein verständlichen Ausführungen die Ratsuchenden bestens begleiten. Ein klarer Aufbau soll dem Leser einen schnellen Zugriff auf die gesuchten Informationen gewährleisten. Dazu gibt es Musterbriefe von Experten, Tipps und Ratschläge. Im Internet finden Sie darüber hinaus weitere sendungsbezogene Informationen.

Unser wichtigstes Anliegen ist es, Ihnen – ausgehend von den Berichten und Reportagen unserer Sendungen – vertiefende und alltagsnahe Informationen zur Verfügung zu stellen, die Sie bei der Lösung Ihrer persönlichen rechtlichen Probleme unterstützen – also, die Paragrafenwelt begreifbarer zu machen.

Mit Dank für Ihre freundliche und kritische Begleitung unserer Arbeit!

Karl-Dieter Möller
ARD-Fernsehredaktion Recht und Justiz
Südwestrundfunk Karlsruhe

Thomas Nell
Programmgruppe Wirtschaft und Recht
Westdeutscher Rundfunk Köln

# Vorwort

Nach wie vor sind Trennung und Scheidung von Eltern in Deutschland eine vielfach diskutierte und kontroverse gesellschaftliche Realität. Die Zahl der Scheidungen geht weiter nach oben, sodass der Gesetzgeber seit Jahren auf die geänderten gesellschaftlichen und auch wirtschaftlichen Verhältnisse reagiert. Eine Folge der Reformen und der sich anschließenden Rechtsprechung ist eine völlig veränderte – und sich immer noch verändernde – Sichtweise der Trennungs- und Scheidungsproblematik, insbesondere was die von der Situation besonders betroffenen Kinder angeht. Ziel des Gesetzgebers und nahezu bei jeder Reform war und ist es, die Konfliktpotenziale zwischen den Eltern zu entschärfen, um dem Wohl des Kindes nicht zu schaden. So hat auch die letzte Reform, die Neu- und Zusammenfassung der Verfahrensregeln zum Familienrecht zum 1. 9. 2009 in das FamFG, unter anderem das Ziel, durch klare und zusammengefasste Regeln die Eltern zu einem einvernehmlichen Handeln gegenüber ihren Kindern zu bewegen. Ob dies tatsächlich gelingt, bleibt angesichts des immer stärker werdenden Anspruchsdenkens, ganz nach der Devise: »Mein Recht!«, abzuwarten.

Der vorliegende Ratgeber gibt Ihnen einen Überblick über die aktuellen gesetzlichen Bestimmungen und Regelungen. Er kann natürlich nicht die im Einzelfall notwendige anwaltliche Beratung ersetzen, sondern soll vielmehr als Unterstützung und zum besseren Verständnis für Sie dienen. Gleichzeitig soll er als Anregung verstanden werden, im Interesse der gemeinsamen Kinder fair zu bleiben und keinen »Rosenkrieg« mit dem anderen Elternteil zu entfachen. Leidtragende bei einer solchen Auseinandersetzung sind immer die Kinder, die ohnehin schon unter der Trennung oder Scheidung der Eltern leiden. Sehen Sie den Ratgeber also auch als Anregung, sich mit dem anderen Elternteil zu einigen und respektvoll miteinander umzugehen.

Die Autoren, beide seit vielen Jahren im Bereich des Familienrechts tätig, gehen aufgrund ihrer beruflichen Erfahrung davon aus, dass ausschließlich gegenseitiges Verständnis der Beteiligten und die Wertschätzung der Elternteile untereinander den gemeinsamen Kindern hilft, die familiären Probleme in der Trennungs- und Scheidungssituation zu überwinden. Wirken Sie daran bitte mit.

Düsseldorf/Viersen, im März 2010

*Michael Krekeler*
*Walter Röchling*

# Inhalt

## Kapitel 3
## Kindesunterhalt

## Kapitel 4
## Namensrecht



## Kapitel 5
## Anhang

## Abkürzungen

| | |
|---|---|
| Abs. | Absatz |
| AG | Amtsgericht |
| Art. | Artikel |
| BAföG | Bundesausbildungsförderungsgesetz (auch für Geldzahlungen nach diesem Gesetz) |
| BGB | Bürgerliches Gesetzbuch |
| BGH | Bundesgerichtshof |
| BVerfG | Bundesverfassungsgericht |
| BVerwG | Bundesverwaltungsgericht |
| EStG | Einkommensteuergesetz |
| EuGH | Europäischer Gerichtshof |
| FamRZ | Zeitschrift für Familienrecht |
| FamFG | Gesetz über das Verfahren in Familiensachen und in den Angelegenheiten der freiwilligen Gerichtsbarkeit |
| ff. | fortfolgende |
| FGG-RG | Gesetz zur Reform des Verfahrens in Familiensachen und in den Angelegenheiten der freiwilligen Gerichtsbarkeit (FGG-Reformgesetz) |
| GG | Grundgesetz |
| i.V.m. | in Verbindung mit |
| KG | Kammergericht |
| KostO | Gesetz über die Kosten in Angelegenheiten der Freiwilligen Gerichtsbarkeit (Kostenordnung) |
| LPartG | Gesetz über die Eingetragene Lebenspartnerschaft (Lebenspartnerschaftsgesetz) |
| LS | Leitsatz (einer Gerichtsentscheidung) |
| NamÄndG | Gesetz über die Änderung von Familiennamen und Vornamen (Namensänderungsgesetz) |
| NJW-RR | Neue Juristische Wochenschrift – Rechtsprechungs-Report |
| OLG | Oberlandesgericht |
| S. | Seite |
| SGB | Sozialgesetzbuch |
| UVG | Unterhaltsvorschussgesetz |

# Kapitel 1
# Sorgerecht

## 1. Die Grundlagen des Sorgerechts

**Personen- und Vermögenssorge**

Als Elternteil eines Kindes haben Sie und der andere Elternteil das Recht und die Pflicht, sich um Ihr Kind zu sorgen, solange es noch minderjährig ist. Diese elterliche Sorge umfasst die Sorge für die Person und das Vermögen des Kindes sowie dessen Vertretung. Ab Volljährigkeit kann das Kind in der Regel für sich allein sorgen, sodass ab diesem Zeitpunkt das elterliche Sorgerecht nicht mehr greift.

**§**

Das Sorgerecht der Eltern ist derart von Bedeutung, dass es durch die Verfassung der Bundesrepublik Deutschland nach Art. 6 Abs. 2 und 3 GG als Elternrecht geschützt ist. Die Vorschrift begründet eine allumfassende Elternverantwortlichkeit für die Entwicklung des Kindes zu einer eigenverantwortlichen Person. Über die Einhaltung dieser Pflicht wacht die staatliche Gemeinschaft. Eingriffe in Ihre elterliche Sorge oder ein Verzicht darauf sind daher nicht ohne Weiteres möglich.

**Begrenzt durch Kindeswohl**

Begrenzt wird die Ausübung Ihres Sorgerechtes durch das Wohl Ihrer Kinder. Kinder haben einen Anspruch darauf, dass die elterliche Sorge stets unter dem Aspekt des Kindeswohls ausgeübt wird. Gerade im Rahmen der Personensorge hat Ihr Kind das Recht, von Ihnen gewaltfrei und ohne entwürdigende Erziehungsmaßnahmen erzogen zu werden, § 1631 Abs. 2 BGB. Verboten sind daher Schläge oder entwürdigende Maßnahmen, sowie die Sterilisation des Kindes, § 1631 c BGB.

## 2. Wer ist Sorgeberechtigter?

Maßgeblich für die Ausübung der elterlichen Sorge ist zunächst die Feststellung, wer die elterliche Sorge innehat. Hier ist zu unterscheiden, ob die Eltern eines Kindes ein gemeinsames Sorgerecht für ihr Kind haben oder ob eine Person allein das Sorgerecht hat.

**Gemeinsames Sorgerecht**

Ein gemeinsames Sorgerecht der Eltern besteht,

- wenn die Eltern im Zeitpunkt der Geburt des Kindes miteinander verheiratet sind oder
- wenn die Eltern nach der Geburt einander heiraten oder
- wenn die Eltern vor dem Jugendamt oder einem Notar erklären, dass sie die Sorge gemeinsam übernehmen wollen, sogenannte Sorgeerklärung.

**Mütterliches Sorgerecht**

Liegt keine dieser Voraussetzungen vor, hat in der Regel die Mutter des Kindes die alleinige Sorge für ihr Kind, § 1626 a Abs. 2 BGB. Ist die Mutter selbst noch minderjährig, wird üblicherweise ein Vormund für das Kind bestellt. Der minderjährigen Mutter steht dann lediglich die Personensorge ohne Vertretungsmacht und eine beschränkte Mitentscheidungsbefugnis gegenüber dem gesetzlichen Amtsvormund für das Kind zu, § 1673 BGB.

**!**

Hat die volljährige Mutter eines Kindes die alleinige Sorge, benötigt sie zum Nachweis ihrer Vertretungsbefugnis ein sogenanntes Negativattest. Das ist eine Bescheinigung des Jugendamts darüber, dass keine Sorgeerklärungen für das Kind abgegeben wurden, sie also allein sorgeberechtigt ist.

**Sorgeerklärung**

Die Sorgeerklärung kann grundsätzlich nicht gegen den Willen der Mutter erzwungen oder anderweitig ersetzt werden. Nur wenn das Verhalten der Mutter das Wohl des Kindes gefährdet, kann das Familiengericht als Maßnahme nach § 1666 BGB die Alleinsorge der Mutter abändern.

Folge der gesetzlichen Regelung ist, dass bei Geburt eines unehelichen Kindes die Mutter automatisch das alleinige

Sorgerecht erhält und die Zustimmung zu einer gemeinsamen Sorgeerklärung mit dem Vater willkürlich verweigern kann. Der Vater des Kindes hat dann kein Mitspracherecht bei Ausübung der elterlichen Sorge.

§

Diese Regelung hat der Europäische Gerichtshof nunmehr in Abweichung zu einer früheren Bestätigung durch das Bundesverfassungsgericht (BVerfG, FamRZ 2003, S. 285 ff.) für europarechtswidrig erklärt und damit die Rechte von Vätern unehelicher Kinder gestärkt (EuGH, FamRZ 2010, S. 103). Die Bevorzugung unverheirateter Mütter gegenüber unverheirateten Vätern verstoße gegen das Diskriminierungsverbot. Zudem entspräche es auch dem Interesse des Kindes, wenn der Vater mitsorgeberechtigt sei. Der deutsche Gesetzgeber muss daher die derzeitige Gesetzesregelung ändern und bei einer Weigerung der Mutter zur Begründung der gemeinsamen Sorge die Rechte des unverheirateten Vaters stärker berücksichtigen.

## 3. Was umfasst die elterliche Sorge?

Zur elterlichen Sorge gehören die Bereiche Personensorge und die Vermögenssorge für das Kind.

**Personensorge**

Zur Personensorge nach §§ 1631 ff. BGB zählen zum Beispiel

- die Pflege, Erziehung und Beaufsichtigung des Kindes,
- die Aufenthaltsbestimmung und Bestimmung des Umgangs des Kindes mit dritten Personen sowie
- die Geltendmachung von Unterhaltsansprüchen.

**Vermögenssorge**

Die Vermögenssorge nach §§ 1638 ff. BGB umfasst zum Beispiel

- die Verwaltung des Eigentums des Kindes und der daraus erzielten Einkünfte,
- die Inbesitznahme der dem Kind gehörenden Sachen,
- Vertragsabschlüsse sowie
- die Haftungsbegrenzung nach § 1629 a BGB. Danach haftet das minderjährige Kind für Verbindlichkeiten, die seine Eltern für das Kind begründet haben, grund-

sätzlich nur mit dem Vermögen, über das es bei Eintritt seiner Volljährigkeit verfügt, § 1629 a BGB.

**Rechtsgeschäftliche Vertretung**

Sowohl die Personensorge als auch die Vermögenssorge umfassen zum einen die tatsächliche Fürsorge für das minderjährige Kind und zum anderen die rechtsgeschäftliche Vertretungsmacht nach § 1629 BGB. Üben die Eltern die elterliche Sorge gemeinsam aus, wird das Kind grundsätzlich von beiden Elternteilen gemeinschaftlich vertreten. Die Willenserklärung eines Dritten gegenüber dem Kind, wie zum Beispiel die Kündigung eines Vertrages, kann hingegen nur gegenüber einem Elternteil erklärt werden, § 1629 Abs. 1 BGB. Die Erklärung muss daher nicht an beide sorgeberechtigten Elternteile gerichtet werden.

## 4. Die Ausübung der gemeinsamen elterlichen Sorge bei Trennung oder Scheidung

**Trennung belastet Ihr Kind**

Während beim Zusammenleben der Eltern in der Regel keine Probleme bei der Ausübung der elterlichen Sorge für ein minderjähriges Kind entstehen, ändert sich dies oft bei einer Trennung. Allein die Entscheidung, bei welchem Elternteil das Kind nach der Trennung leben soll, setzt ein erhebliches Maß an Kooperationsfähigkeit und -willigkeit beider Elternteile voraus, die aufgrund der mit der Trennung verbundenen Emotionen vielfach fehlen. Nicht selten wird das Kind benutzt, um dem Partner wehzutun oder die eigenen Ziele durchzusetzen. Es versteht sich von selbst, dass dies keineswegs dem Kindeswohl entspricht und oft tief greifende und langwierige Folgen für das Kind mit sich bringt. Von daher sollten die Eltern, aber auch die übrigen Beteiligten, wie Großeltern, Freunde, Bekannte usw., alles daransetzen, eine einvernehmliche Lösung zu finden.

### 4.1 Wenn das gemeinsame Sorgerecht bestehen bleibt

**§**

Eine Einvernehmlichkeit fordert auch der Gesetzgeber, der im Falle der Trennung oder Scheidung der Eltern das gemeinsame Sorgerecht bestehen lässt. Dauerhaft getrennt lebende Eltern, die gemeinsam sorgeberechtigt sind, müssen Angelegenheiten von erheblicher Bedeutung für das Kind einvernehmlich regeln, § 1687 BGB. Angelegenheiten des täglichen Lebens können hingegen von dem Elternteil, bei dem sich das Kind nach der Trennung aufhält, allein entschieden werden. So ist der betreuende Elternteil handlungsfähig und muss nicht für jede Kleinigkeit den anderen Mitsorgeberechtigten um Erlaubnis fragen.

**Art der Angelegenheit**

Für die Frage, ob der mitsorgeberechtigte Elternteil in die Entscheidung miteinbezogen werden muss, ist daher maßgeblich, um welche Art von Angelegenheit es sich handelt.

### 4.1.1 Angelegenheiten des täglichen Lebens: Der betreuende Elternteil kann allein entscheiden

Angelegenheiten des täglichen Lebens können von dem Elternteil allein entschieden werden, bei dem das Kind sich gewöhnlich aufhält. Der gewöhnliche Aufenthalt des Kindes wird bestimmt durch die einvernehmliche Entscheidung der Eltern oder durch eine gerichtliche Entscheidung, § 1687 Abs. 1 BGB.

**Kaum Auswirkungen**

Zu den Angelegenheiten des täglichen Lebens gehören Entscheidungen, die häufig vorkommen und die keine schwer abzuändernden Auswirkungen auf die Entwicklung des Kindes haben. Generell wird der Begriff der Alleinentscheidungsbefugnis in Angelegenheiten des täglichen Lebens weit ausgelegt, damit der Elternteil im Interesse des Kindeswohls und des Rechtsverkehrs einen möglichst großen Entscheidungs- und Handlungsspielraum hat.

Aus der folgenden Checkliste können Sie ersehen, ob es sich um eine Angelegenheit des täglichen Lebens handelt.

Betrifft die Angelegenheit

- im gesundheitlichen Bereich
  - Standardimpfungen?
  - die Behandlung gewöhnlicher Kindererkrankungen?
  - die Entfernung von Polypen?

- im schulischen Bereich
  - Entschuldigungen bei Krankheit?
  - Tagesausflüge oder Klassenfahrten?
  - Elternabende?
  - Arbeitsgemeinschaften?
  - Zeugnisunterschriften?
  - Nachhilfeunterricht?
- im religiösen Bereich
  - den Zeitpunkt der von beiden Elternteilen befürworteten Taufe, Firmung oder Konfirmation?
  - die Teilnahme an Gottesdiensten?
- in sonstigen Bereichen der Personensorge
  - Ernährung, Bekleidung und Schlafenszeiten?
  - Freizeitgestaltung?
  - Umgang mit Freunden des Kindes?
  - Höhe des Taschengeldes?
  - Bestimmung des Urlaubs?
- im Bereich der Vermögenssorge die Verwaltung kleinerer Geldgeschenke oder Sparguthaben?

### 4.1.2 Angelegenheiten von erheblicher Bedeutung: Die Eltern können nur zusammen entscheiden

**Starke Auswirkungen**

Angelegenheiten von erheblicher Bedeutung sind solche, deren Auswirkungen auf die Entwicklung des Kindes nur schwer oder gar nicht mehr beeinflusst werden können, sodass der andere sorgeberechtigte Elternteil in die Entscheidung miteinbezogen werden muss.

✓ Anhand der nachstehenden Checkliste können Sie überprüfen, ob eine Angelegenheit von erheblicher Bedeutung vorliegt.

Umfasst die Angelegenheit

- in persönlichen Bereichen des Kindes
  - die Wahl des Vornamens?
  - eine Änderung der Staatsangehörigkeit?

- den Aufenthalt
  - bei der Bestimmung des gewöhnlichen Kindesaufenthalts?
  - bei einem Wohnsitzwechsel des betreuenden Elternteils mit dem Kind, sofern dieser nicht im näheren Umkreis des bisherigen Wohnorts stattfindet?
  - des Kindes im Ausland?
- im gesundheitlichen Bereich
  - eine Behandlungsmethode, die über die gewöhnliche medizinische Versorgung hinausgeht?
  - eine Operation, sofern kein Notfall gegeben ist?
  - einen Krankenhausaufenthalt?
- im schulischen Bereich
  - den Einschulungszeitpunkt und Wahl der Schule?
  - die Wiederholung einer Klasse?
  - einen Schulwechsel?
  - den Besuch der weiterführenden Schule beziehungsweise eines Internats?
  - Wahlfächer und Wahl der Fächerkombinationen?
  - die Wahl der Ausbildung, eines Studiums oder eines Berufes?
- im religiösen Bereich
  - eine Taufe, Firmung oder Konfirmation?
  - die religiöse Erziehung?
- in sonstigen Bereichen der Personensorge
  - den Umgang mit dem getrennt lebenden Elternteil?
  - den Umgang mit Großeltern oder sonstigen Bezugspersonen?
  - die Höhe des Taschengeldes?
  - eine mehrstündige Flugreise eines kleinen Kindes oder eine Reise mit dem Kind in einen fremden Kulturkreis beziehungsweise politisch unruhige Gebiete?
- im Bereich der Vermögenssorge
  - die Verwaltung des Kindesvermögens?
  - die Annahme oder Ausschlagung einer Erbschaft?

### 4.1.3 Problematische Fälle: Am besten einvernehmlich regeln

**Strittige Fälle**

In einigen Fällen ist umstritten, ob es sich um eine alltägliche oder wichtige Angelegenheit handelt. Hierzu gehören zum Beispiel die Beantragung eines Kinderausweises, der Besuch einer Kindertagesstätte oder über Standardimpfungen hinausgehende Impfungen. Gerade bei der Beantragung eines Kinderausweises wird oft verkannt, dass die ausstellende Behörde bei der Beantragung des Kinderausweises auf dem Antragsformular die Unterschrift beider sorgeberechtigten Elternteile fordert. In diesen und anderen Fällen sollten daher beide Elternteile der jeweiligen Angelegenheit zustimmen. Andernfalls muss die Zustimmung gerichtlich ersetzt werden.

§

Problematisch ist oftmals auch die Frage, wo der Wohnsitz des Kindes ist, wenn einer der beiden sorgeberechtigten Elternteile das Kind ohne Einverständnis des anderen Elternteils mitnimmt. Hier

- bleibt das Recht des sorgeberechtigten Elternteils zur Bestimmung des Wohnsitzes für das Kind auch dann erhalten, wenn das Aufenthaltsbestimmungsrecht dem Jugendamt vorläufig übertragen wurde (BGH, NJW-RR 1992, S. 1154).
- besteht ein Doppelwohnsitz des Kindes, wenn die Eltern getrennt leben, verschiedene Wohnsitze haben und keinen einvernehmlichen Entschluss gefasst haben, dass das Kind bei einem von ihnen leben soll (BGH, NJW-RR 1992, S. 258).
- kommt bei verschiedenen Wohnsitzen der Eltern ein alleiniger Wohnsitz des Kindes bei nur einem Elternteil dann in Betracht, wenn die Eltern einvernehmlich beschlossen haben, dass das Kind bei diesem Elternteil lebt (BGH, NJW-RR 1992, S. 578).

### 4.1.4 Angelegenheiten der tatsächlichen Betreuung: Der betreuende Elternteil entscheidet

Schließlich gibt es noch Angelegenheiten der tatsächlichen Betreuung des Kindes. Gemeint sind die Fälle, in denen sich das Kind zum Beispiel zeitweise beim umgangsberechtigten Elternteil aufhält. Nach § 1687 Abs. 1 Satz 4 BGB hat dieser Elternteil die Befugnis zur alleinigen Entscheidung in Angelegenheiten der tatsächlichen Betreuung wie zum Beispiel

- Fragen der Ernährung,
- Bestimmen der Schlafenszeit,
- Fragen des Fernsehkonsums.

**Voraussetzung: Berechtigung**

Die Befugnis gilt aber nur dann, wenn sich das Kind berechtigt, also mit Einwilligung des anderen obhutsberechtigten Elternteils oder aufgrund einer gerichtlichen Entscheidung, dort aufhält.

## 4.2 Oberstes Gebot: die Wohlverhaltenspflicht

§

Als Eltern sind Sie in Bezug auf das Sorgerecht und die sorgerechtlichen Maßnahmen zum Wohlverhalten verpflichtet. Sie haben alles zu unterlassen, was das Verhältnis des Kindes zum anderen Elternteil stört oder die Erziehung erschwert, § 1687 Abs. 1 Satz 5 i.V.m. § 1684 Abs. 2 Satz 1 BGB.

**Einvernehmen gefordert**

Daher haben Sie auch die Verpflichtung, mit dem anderen Elternteil ein Einvernehmen über Entscheidungen herbeizuführen, die für das gemeinsame Kind von erheblicher Bedeutung sind. Hierzu müssen Sie und der andere Elternteil Fragen der elterlichen Sorge miteinander, aber auch mit dem Kind besprechen und Einvernehmen anstreben, § 1626 Abs. 2 BGB. Dies gilt auch bei Meinungsverschiedenheiten über die Art und Weise in einzelnen Sorgerechtsfragen. Auch hier ist zum Wohle des Kindes eine Einigung anzustreben, § 1627 BGB.

## 4.3 Wenn eine Einigung nicht möglich ist

**Erst Jugendamt, dann Gericht**

Können Sie sich mit dem anderen Elternteil nicht einigen, muss notfalls eine gerichtliche Klärung herbeigeführt werden. Zuvor sollten Sie und der andere Elternteil aber das Beratungsangebot des Jugendamts oder anderer Beratungsstellen beanspruchen.

### 4.3.1 Jugendamt

**Anspruch auf Hilfe**

Bei Meinungsverschiedenheiten mit dem anderen sorgeberechtigten Elternteil können Sie sich mit dem örtlichen Jugendamt in Verbindung setzen. Die dortige Jugendhilfe ist verpflichtet, Ihnen zu helfen beziehungsweise Sie zu unterstützen, § 17 Abs. 2 SGB VIII. In der Regel wird das Jugendamt erst Sie und anschließend den anderen Elternteil zu einem Einzelgespräch einladen, bevor es dann zu einer gemeinsamen Unterredung kommt. Je nach Alter des Kindes hört das Jugendamt auch das Kind an. Im Rahmen dieser Gespräche werden dann oft Konzepte erarbeitet, um die bestehenden Probleme bei der Ausübung des gemeinsamen Sorgerechts zu beheben.

**Tipp**

Nehmen Sie die Gespräche und den Kontakt mit dem Jugendamt ernst. Nur so können Sie eine einvernehmliche Regelung zum Wohle des Kindes erreichen. Kommt es hingegen zu keiner Einigung und wird anschließend das Gericht zur Klärung angerufen, wird das Jugendamt zur Sachlage angehört. Hier kann es sich für Sie ungünstig auswirken, wenn Sie gegenüber dem Jugendamt nicht kooperiert oder den Termin erst gar nicht wahrgenommen haben.

### 4.3.2 Gerichtliche Klärung

**Unterscheidung**

Hilft die Beratung beim Jugendamt nicht weiter oder hält sich ein Elternteil nicht an die getroffene Vereinbarung, ist der Weg zum Gericht unumgänglich. Hier ist zu unterscheiden, ob es um eine einzelne Angelegenheit oder um den Gesamtbereich elterlicher Sorge geht.

### a) Gerichtliche Regelung bei Meinungsverschiedenheiten der Eltern in einzelnen Angelegenheiten

Finden Sie mit dem anderen Elternteil keine Einigung über eine einzelne Angelegenheit oder eine bestimmte Art von Angelegenheiten, die für das Kind von erheblicher Bedeutung ist, können Sie beim zuständigen Familiengericht beantragen, dass Ihnen in dieser Angelegenheit die alleinige Entscheidungsbefugnis übertragen wird, § 1628 Satz 1 BGB.

§

**Auflagen möglich**

Gibt das Familiengericht Ihrem Antrag statt, kann es die Übertragung der alleinigen Entscheidungsbefugnis aber auch mit Beschränkungen oder Auflagen verbinden, § 1628 Satz 2 BGB.

### b) Gerichtliche Regelung bei Meinungsverschiedenheiten über Teilbereiche oder die vollständige elterliche Sorge

Können Sie sich mit dem anderen Elternteil in Teilbereichen oder gar nicht über die Ausübung der elterlichen Sorge einigen, können Sie beantragen, dass das Familiengericht Ihnen die elterliche Sorge in Teilbereichen oder ganz allein überträgt, § 1671 BGB. Diesem Antrag ist stattzugeben, wenn

§

- der andere Elternteil zustimmt und Ihr Kind, welches das 14. Lebensjahr vollendet hat, der Übertragung nicht widerspricht, § 1671 Abs. 2 Nr. 1 BGB, oder
- zu erwarten ist, dass die Aufhebung der gemeinsamen Sorge und die Übertragung auf den Antragsteller dem Wohl des Kindes am besten entspricht, § 1671 Abs. 2 Nr. 2 BGB.

**Bei Einigung nur Teilbereiche**

Sind Sie und der andere Elternteil sich in maßgeblichen Erziehungsfragen einig und bereit sowie fähig, miteinander zu kooperieren, kommen allein Teilentscheidungen zur elterlichen Sorge, insbesondere über das Aufenthaltsbestimmungsrecht, in Betracht. Ein solcher Antrag ist häufig geboten, weil der völlige Entzug des Sorgerechts nur das letzte Mittel (ultima ratio) und demzufolge die Übertragung von Teilbereichen auf den anderen Elternteil dem Verhältnismäßigkeitsgrundsatz am ehesten entspricht. Hinzu kommt, dass Sie oder der andere Elternteil bei diesem Antrag nach Ihrer subjektiven Vorstellung nicht vollkommen aus der elterlichen Verantwortung entlassen werden.

**Zustimmung**

Zur Aufhebung der gemeinsamen elterlichen Sorge kann es zum einen kommen, wenn der andere Elternteil der Übertragung zustimmt und Ihr Kind, welches das 14. Lebensjahr vollendet hat, der Übertragung nicht widerspricht, § 1671 Abs. 2 Nr. 1 BGB.

**Keine Kooperation**

Zum anderen kommt eine Aufhebung der gemeinsamen elterlichen Sorge in Betracht, wenn Sie und der andere Elternteil nicht bereit oder nicht fähig sind, miteinander zu kooperieren. Hier können ständige Streitigkeiten über die Belange des Kindes dieses so belasten, dass die Auseinandersetzungen mit dem Kindeswohl nicht zu vereinbaren sind. Dies gilt ebenso, wenn der Kontakt zwischen Ihnen und dem anderen Elternteil so abgebrochen ist, dass eine Kommunikation zwischen Ihnen nur noch über Rechtsanwälte stattfindet.

**Tipp**

Demjenigen, der weder kooperationsbereit noch -fähig ist, wird kein Sorgerecht übertragen. Wollen Sie sich darauf berufen, dass mit dem anderen Elternteil keine Kooperation möglich ist, müssen Sie im gerichtlichen Verfahren darlegen und beweisen können, wann und auf welche Weise zu welcher Frage eine gemeinsame Entscheidung aufgrund der Verweigerungshaltung des anderen Elternteils nicht zustande gekommen ist. Auch insoweit empfiehlt sich daher eine rechtzeitige Kontaktaufnahme mit dem Jugendamt.

**Erziehungsunfähig**

Schließlich kann die elterliche Sorge keinem Elternteil überlassen werden, das erziehungsungeeignet ist. Das trifft bei massiven Gewalttätigkeiten, sonstigen Misshandlungen wie sexuellem Missbrauch oder schwerwiegenden Vernachlässigungen des Kindes ebenso zu wie in all den Fällen, in denen das Sorgerecht wegen Kindeswohlgefährdung bereits von Amts wegen nach § 1666 BGB entzogen würde, zum Beispiel wegen massiver Alkohol- oder Drogenabhängigkeit, schweren psychischen Erkrankungen oder wiederholter Straffälligkeiten.

**Folge**

Ist ein Elternteil erziehungsungeeignet, kann er weder die Alleinsorge erhalten noch Mitinhaber des gemeinsamen Sorgerechts bleiben.

✓

Folgende Punkte berühren jedoch nicht die Erziehungseignung des betreffenden Elternteils:

- Aids-Erkrankung,
- Auswanderungsabsichten,
- Ehrgeiz besonderer Art bei der Ausbildung des Kindes,
- Homosexualität,
- Partnerlosigkeit,
- sado-masochistische Neigungen bei strikter Trennung des Sexuallebens vom Lebensraum der Kinder,
- Sektenzugehörigkeit ohne Beeinflussung des Kindes,
- unterschiedliche Kulturzugehörigkeit,
- Transsexualität,
- Wiederheirat.

§

Liegen keine Gründe für die vollständige Aufhebung der elterlichen Sorge vor, bleibt es beim gemeinsamen Sorgerecht. Meinungsverschiedenheiten über einzelne Angelegenheiten müssen dann auf Antrag nach § 1628 BGB vom Familiengericht entschieden werden. Das Gericht kann aber auch über einen Teilbereich der elterlichen Sorge nach § 1671 BGB entscheiden, sodass bestimmte Bereiche der Personen- oder Vermögenssorge einem Elternteil erhalten bleiben und andere Bereiche dem anderen Elternteil allein übertragen werden.

### c) Kriterien für die Übertragung des Sorgerechts auf einen Elternteil

**Maßstab Kindeswohl**

Ist eine Beibehaltung der elterlichen Sorge nicht möglich, prüft das Familiengericht, ob und welchem Elternteil die alleinige Sorgebefugnis übertragen werden kann. Maßstab ist das Kindeswohl. Danach hat das Gericht diejenige Entscheidung zu treffen, die unter Berücksichtigung der tatsächlichen Gegebenheiten und Möglichkeiten sowie der berechtigten Interessen der Beteiligten dem Wohl des Kindes am besten entspricht, § 1697 a BGB. Im Einzelnen prüft das Gericht folgende Kriterien:

*aa) Bindungen des Kindes*

**Eltern, Geschwister, Großeltern**

Die Bindungen des Kindes zu einem Elternteil sind von großer Bedeutung. Das Familiengericht muss die Bindungen des Kindes zu dem jeweiligen Elternteil ergründen und insbesondere feststellen, zu welchem Elternteil das Kind stärkere oder gar unverzichtbare Bindungen aufweist. Diese schwierige Frage kann häufig nur durch eine familienpsychologische Begutachtung eines Sachverständigen zutreffend beantwortet werden. Neben den Bindungen des Kindes an die Eltern sind aber auch Bindungen beziehungsweise Beziehungen zu Geschwistern, Großelternteilen und sonstigen Bezugspersonen von Bedeutung. Hierbei können gerade dann die vorhandenen Bindungen an Geschwister eine große Rolle spielen, wenn die Beziehung zwischen den Eltern zerrüttet ist.

*bb) Wille des Kindes*

**Altersabhängig**

**!**

Je älter das Kind ist, desto mehr Gewicht kommt seinem Willen zu. Ein ganz maßgeblicher Zeitpunkt ist dabei die Vollendung des 14. Lebensjahres, wie die Bestimmung des § 1671 Abs. 2 Nr. 1 BGB zeigt. Das Gericht wird sich aber bereits ab einem Lebensalter von etwa zwölf Jahren über den Wunsch des Kindes kaum hinwegsetzen können (OLG Frankfurt, FamRZ 2005, S. 1700). Ist das Kind zwischen sieben und acht Jahre alt, kann es in der Regel konkret und nachvollziehbar Wünsche äußern, die das Gericht zu berücksichtigen hat.

*cc) Erziehungsfähigkeit der Eltern*

**Grundsätzlich gegeben**

Hier prüft das Familiengericht, ob der betreffende Elternteil zur Erziehung geeignet ist oder nicht. Dabei geht das Gericht grundsätzlich davon aus, dass jeder Elternteil als solcher erziehungsfähig ist. Das Gericht stellt daher die Erziehungsfähigkeit nur bei Vorliegen bestimmter Gesichtspunkte infrage (zum Beispiel Gewalttätigkeit, Misshandlung, Missbrauch, Vernachlässigung des Kindes, Alkohol- oder Drogensucht, psychische Erkrankungen oder wiederholte Straftaten).

*dd) Kontinuitätsprinzip*

**Stabile Lebensumstände**

Generell soll ein abrupter Wechsel in den Lebensverhältnissen des Kindes vermieden werden. Daher muss der Elternteil, dem die alleinige Sorge übertragen wird, die Einheitlichkeit, Gleichmäßigkeit und Stabilität der Erziehungsverhältnisse einschließlich deren äußerer Umstände gewährleisten und fortführen. Hierzu gehören die Stabilität hinsichtlich der Betreuungsperson, die Erziehungsgrundsätze und das soziale Umfeld, wie zum Beispiel Kindergarten, Schule, Musikschule, Freunde, Zugehörigkeiten zu Sport- und sonstigen Vereinen sowie die Beibehaltung vorhandener Bindungen zu Verwandten und Nachbarn.

**Tipp**

Diese Kontinuität ist deshalb besonders wichtig, weil das betreffende Kind durch die Trennung der Eltern die Erfahrung machen musste, dass es sich auf die bisherige Betreuungssituation nicht verlassen konnte. Wichtig ist es für Sie daher, dem Kind möglichst viele feste Bezugspunkte zu geben.

*ee) Förderungsprinzip*

**Wille und Bereitschaft**

Das Förderungsprinzip besteht aus dem Förderungswillen und der Förderungsbereitschaft. In der Regel sind eine bessere Entwicklung und ein besserer Aufbau der Kindespersönlichkeit bei dem Elternteil zu erwarten, das dem Kind größere Entwicklungsmöglichkeiten, die meiste Unterstützung und eine gleichmäßige, stete Erziehung bieten kann. Hierzu gehören die Vor- und Ausbildung eines Elternteils, seine Verantwortungsbereitschaft und -fähigkeit, die Wohnverhältnisse und die wirtschaftliche Situation, vor allem aber auch die Bereitschaft, sich unter Zurückstellung der eigenen Belange des Kindes anzunehmen.

**Bindungstoleranz**

Auch die Bindungstoleranz der Eltern ist hier von Bedeutung. Künftige Streitigkeiten der Eltern, speziell beim Umgang, sollen weitestgehend vermieden werden. In diesem Zusammenhang spielt es für die Übertragung der elterlichen Sorge eine Rolle, welcher Elternteil besser einen spannungsfreien Kontakt des Kindes zum anderen Elternteil ermöglicht. Ebenfalls von Bedeutung ist, welcher Elternteil ohnehin unzulässige Beeinflussungen des Kindes oder Herabsetzungen des anderen Elternteils vor dem Kind unterlässt.

**!** Letztendlich wird dem Förderungsprinzip nur entsprochen, wenn

- der Elternteil den Kontakt des Kindes zum anderen Elternteil so zulässt, dass das Kind den Kontakt angstfrei und unbeeinflusst wahrnehmen kann und
- der Elternteil in der Lage ist, das Kind in pädagogisch geeigneter Weise zu motivieren.

### *ff) Checkliste: Anhand dieser Kriterien prüft das Gericht die Übertragung der elterlichen Sorge*

✓ Aus der folgenden Checkliste können Sie ersehen, anhand welcher Kriterien das Familiengericht ermittelt, ob und an wen das alleinige Sorgerecht übertragen wird.

- Welches Elternteil hat das Kind bisher größtenteils betreut und wie ausgeprägt sind die Bindungen des Kindes an diesen Elternteil?
- Mit welchem Elternteil verbringt das Kind seine meiste Freizeit, insbesondere die Wochenenden und Feiertage?
- Wie war das Verhältnis des Kindes nach der Geburt und in seinen ersten Lebensjahren zu Vater und Mutter?
- Welche Bindungen des Kindes bestehen zu Geschwistern, Großelternteilen und sonstigen Bezugspersonen,

und wie ausgeprägt sind die Bindungen des Kindes an diese Personen?

- Wie hat sich das Kind bei der Trennung vom anderen Elternteil verhalten, und wie verhält es sich bei der Übergabe zu und der Rückgabe von Umgangskontakten? (Zeigt es zum Beispiel Freude, Trauer oder weint es?)
- Welche Regelung entspricht dem Willen des Kindes am besten? (Je älter das Kind ist, desto maßgeblicher ist sein Wille; entscheidende Altersstufen sind vierzehn, zwölf und sieben bis acht Jahre.)
- Bei welchem Elternteil ist dessen Erziehungsfähigkeit durch welche Gesichtspunkte beeinträchtigt? (Zum Beispiel durch massive Gewalttätigkeiten, sonstige Misshandlungen wie sexueller Missbrauch beziehungsweise schwerwiegende Vernachlässigungen des Kindes oder massive Alkohol-/Drogenabhängigkeit, schwere psychische Erkrankungen beziehungsweise wiederholte Straffälligkeiten.)
- Welcher Elternteil gewährt größere Kontinuität, insbesondere durch Einheitlichkeit, Gleichmäßigkeit und Stabilität der Erziehungsverhältnisse einschließlich der Gewährleistung und Fortführung deren äußerer Umstände? (Maßgeblich sind hier die Stabilität hinsichtlich der Betreuungsperson, die Erziehungsgrundsätze und das soziale Umfeld.)
- Welcher Elternteil ist mehr gewillt und bereit, das Kind in seiner Entwicklung zu fördern und zu unterstützen, insbesondere psychologisch in geeigneter Weise zu motivieren? (Maßgeblich sind hier die Vor- und Ausbildung eines Elternteils, seine Verantwortungsbereitschaft und -fähigkeit, die Wohnverhältnisse, die wirtschaftliche Situation und die Bereitschaft zur Zurückstellung eigener Belange zugunsten des Kindes.)
- Welcher Elternteil verfügt über eine höhere Bindungstoleranz? (Zulassen eines angstfreien und unbeeinflussten Kontakts des Kindes zum anderen Elternteil.)

Zur Klärung dieser Fragen holt das Gericht gerade bei jüngeren Kindern in der Regel ein familienpsychologisches Gutachten unter Einbeziehung der Eltern ein.

## 4.4 Wenn die elterliche Sorge anders geregelt werden muss

Das Familiengericht kann bei der Prüfung, wem das alleinige Sorgerecht zu übertragen ist, zu dem Ergebnis kommen, dass

- die Aufhebung der gemeinsamen elterlichen Sorge erforderlich ist und
- die Übertragung der alleinigen Sorge auf einen Elternteil dem Kindeswohl widerspricht.

**Regelungen** Ist das der Fall, muss das Gericht die elterliche Sorge abweichend regeln, § 1671 Abs. 3 BGB. In Betracht kommen hier eine vorübergehende Übertragung des Sorgerechts auf das Jugendamt, die Einsetzung eines Pflegers beziehungsweise eines Vormunds und schlimmstenfalls die Betreuung des Kindes durch eine Pflegefamilie.

**Von Amts wegen** Wenn das Kindeswohl gefährdet ist, greift das Amtsgericht von Amts wegen ein. Jedes Kind hat ein Recht auf solche Lebensbedingungen, in denen es gesund und ungefährdet aufwachsen kann. Dazu gehört insbesondere das Recht des Kindes auf eine gewaltfreie Erziehung nach § 1631 Abs. 2 BGB. Körperliche Züchtigungen, wie sie nicht nur früher häufig praktiziert wurden, sind nicht gewaltfrei und verletzen daher das Kindeswohl.

**Maßnahmen** Wird das körperliche, geistige oder seelische Wohl des Kindes oder sein Vermögen gefährdet und sind die Eltern nicht gewillt oder nicht in der Lage, die Gefahr abzuwenden, muss das Familiengericht von Amts wegen eingreifen. Hierzu hat es die zur Abwendung der Gefahr erforderlichen Maßnahmen zu treffen, § 1666 Abs. 1 BGB.

**Fälle** Typische Fälle der Kindeswohlgefährdung sind

- Gewalttätigkeiten, sexueller Missbrauch, seelische Grausamkeit oder

- die Vernachlässigung des Kindes durch andauernde Gleichgültigkeit gegenüber dem Kind sowie unzulängliche Pflege, Ernährung, Betreuung einschließlich unzureichender Wohnverhältnisse, ferner mangelnde Aufsicht und Fürsorge für das Kind.

Umgekehrt ist das Gericht aber nicht berechtigt, gegenüber Ihnen und dem anderen Elternteil wegen einzelnem Versagen oder Nachlässigkeiten Maßnahmen zu verhängen. !

Bei der Auswahl seiner Maßnahmen zur Abwendung der Kindeswohlgefährdung muss das Gericht prüfen, welche Maßnahmen geeignet und erforderlich sowie angemessen und verhältnismäßig sind, um das Kindeswohl zu verbessern. Hierzu stehen dem Gericht bei Beeinträchtigungen der Person des Kindes Maßnahmen von der Inanspruchnahme öffentlicher Hilfen bis hin zum vollständigen Entzug des Sorgerechts zur Verfügung. Der Sorgerechtsentzug ist jedoch das letzte Mittel, §§ 1666 Abs. 2, 1666 a BGB. Das Gericht muss daher in erster Linie versuchen, durch öffentliche Hilfen nach §§ 28 ff. SGB VIII die Situation des Kindes zu verbessern. **Kriterien**

Ist eine rechtzeitige Entscheidung des Familiengerichts nicht möglich, kann das Jugendamt ein Kind aus dem elterlichen Haushalt weg und in seine Obhut nehmen, § 42 SGB VIII. Auch das Kind selbst kann das Jugendamt um eine solche Inobhutnahme bitten. !

## 4.5 Der Sonderfall: die Sorgerechtsübertragung nach § 1672 BGB

Um einen Sonderfall mit Ausnahmecharakter handelt es sich bei der Sorgerechtsübertragung nach § 1672 BGB. Diese Sorgerechtsübertragung setzt – im Gegensatz zur Übertragung nach § 1671 BGB – voraus, dass §

- die nicht verheirateten Eltern nicht nur vorübergehend getrennt leben,
- keine gemeinsame Sorgeerklärung von den Eltern abgegeben wurde und
- die Mutter das alleinige Sorgerecht für das Kind hat.

**Väterliches Sorgerecht**

Ist dies der Fall, kann der Vater die Übertragung der alleinigen Sorge oder eines Teils davon beanspruchen. Seinem Antrag muss das Familiengericht stattgeben, wenn die Übertragung dem Wohl des Kindes dient, § 1672 Abs. 1 Satz 2 BGB. Auch hier findet eine Kindeswohlprüfung statt.

**Gemeinsames Sorgerecht**

Hat eine Sorgerechtsübertragung nach § 1672 Abs. 1 BGB bereits stattgefunden oder wurde eine bereits erfolgte Übertragung wieder aufgehoben, kann das Familiengericht auf Antrag eines Elternteils mit Zustimmung des anderen Elternteils entscheiden, dass die elterliche Sorge den Eltern gemeinsam zusteht. Voraussetzung ist hierfür, dass diese Regelung dem Wohl des Kindes nicht widerspricht, § 1672 Abs. 2 BGB.

## 4.6 Grundzüge des Gerichtsverfahrens zum Sorgerecht

§

Über den Ablauf des Sorgerechtsverfahrens beim Familiengericht sollten Sie Folgendes wissen.

### 4.6.1 Das ist seit dem 1. 9. 2009 neu

**Einheitliche Verfahrensordnung**

Durch das seit dem 1. 9. 2009 in Kraft getretene Gesetz über das Verfahren in Familiensachen und in den Angelegenheiten der freiwilligen Gerichtsbarkeit (FamFG) ist das Familienverfahrensrecht vollständig neu geordnet worden. Ziel war es, die bisherige Zersplitterung in eine Vielzahl von Gesetzen zu vermindern sowie eine vollständige und zusammenhängende Verfahrensordnung zu schaffen.

**Vorrang und Beschleunigungsgebot**

Speziell bei Kindschaftssachen, die den Aufenthalt des Kindes, das Umgangsrecht oder die Herausgabe des Kindes betreffen sowie bei Verfahren wegen Gefährdung des Kindeswohls gilt nun ein umfassendes Vorrang- und Beschleunigungsgebot. Das Familiengericht hat innerhalb eines Monats nach Eingang des Antrags einen Termin zur Erörterung der Sache anzuberaumen, die Beteiligten hierzu zu laden und im Termin das Jugendamt anzuhören.

Eine Verlegung dieses Termins ist nur aus zwingenden Gründen zulässig, § 155 FamFG.

Dieses Beschleunigungsgebot gilt während des laufenden Gerichtsverfahrens und wird letztlich nur durch das Kindeswohl begrenzt. Ist im Einzelfall im Interesse des Kindes ein Zuwarten sinnvoller als schnelles Handeln, geht das Wohl des Kindes vor.

**Stärkere Beteiligungsrechte**

Zudem wurden die Beteiligungs- und Mitwirkungsrechte der betroffenen Kinder gestärkt. Der bisherige Verfahrenspfleger wurde durch den Verfahrensbeistand ersetzt. Dieser vertritt die Interessen des Kindes und informiert es auch über das Verfahren. Das Familiengericht kann dem Verfahrensbeistand aufgeben, mit den Eltern und/oder anderen Bezugspersonen Gespräche zu führen und am Zustandekommen einer einvernehmlichen Umgangsregelung mitzuwirken, § 158 Abs. 4 FamFG.

**Verfahrensbeistand**

In Sorgerechtsverfahren ist die Bestellung des Verfahrensbeistands in der Regel erforderlich, § 158 Abs. 1 und 2 Nr. 1 bis 4 FamFG. Der Verfahrensbeistand kann gegen die Entscheidung des Amtsgerichts (Familiengericht) dort Beschwerde einlegen.

Als Elternteil können Sie es nicht ablehnen, dass der Verfahrensbeistand mitwirkt. Im Übrigen können sich Kinder ab dem vollendeten 14. Lebensjahr vor dem Familiengericht selbst vertreten.

**Pflegeeltern**

Auch Pflegeeltern haben mehr Mitspracherechte. Diese können vom Gericht zum Verfahren hinzugezogen werden, sofern ein Kind bereits länger bei ihnen wohnt, § 161 FamFG.

§

Für Gerichtsverfahren (auch Abänderungs-, Verlängerungs- und Aufhebungsverfahren), die vor dem 1. 9. 2009 eingeleitet wurden, ist weiterhin das vor diesem Zeitpunkt geltende Recht anwendbar, insbesondere das Gesetz über die Angelegenheiten der freiwilligen Gerichtsbarkeit (FGG), Art. 111 FGG-RG.

### 4.6.2 Oberste Regel: das Kindeswohlprinzip

**Zentraler Maßstab** Alle familienrechtlichen Regelungen sind am Kindeswohl auszurichten. Dies bedeutet, dass das Familiengericht diejenige Entscheidung zu treffen hat, die unter Berücksichtigung der tatsächlichen Gegebenheiten und Möglichkeiten sowie der berechtigten Interessen der Beteiligten dem Wohl des Kindes am besten entspricht, § 1697 a BGB (Kindeswohlprinzip). Das gilt auch für die Änderung und Prüfung gerichtlicher sorgerechtlicher Anordnungen nach § 1696 BGB.

### 4.6.3 So wird das Verfahren eingeleitet

**Antrag** Grundsätzlich müssen Sie oder der andere Elternteil einen schriftlichen Antrag beim Familiengericht stellen, damit eine gerichtliche Regelung bei Meinungsverschiedenheiten der Eltern nach § 1628 BGB oder zur Übertragung des vollständigen beziehungsweise teilweisen Sorgerechts nach § 1671 BGB erfolgen kann. Eine Ausnahme für die Antragstellung gilt in Fällen der Kindeswohlgefährdung nach § 1666 BGB, in denen das Gericht von Amts wegen tätig wird.

**Verbund** Soll im Rahmen eines bereits laufenden Scheidungsverfahrens zugleich über das Sorgerecht mit entschieden werden, können Sie dies bis zwei Wochen vor Schluss der letzten mündlichen Verhandlung beim Familiengericht beantragen (Einbeziehung einer Folgesache). Das Gericht kann Ihren Antrag jedoch ablehnen, wenn es dessen Einbeziehung aus Gründen des Kindeswohls nicht für sachgerecht hält, § 137 Abs. 3 FamFG. Wird Ihr Antrag hingegen in das Scheidungsverfahren miteinbezogen, erfolgt die Verhandlung und die Entscheidung über die Scheidung und das Sorgerecht zusammen, also im Verbund, § 137 Abs. 3 FamFG. Eine Abtrennung des Sorgerechtsstreits kommt nur unter bestimmten Voraussetzungen in Betracht. Auch hier ist das Kindeswohl maßgeblich.

**Isoliertes Verfahren** Sonst können Sie den Antrag auf Regelung bei Meinungsverschiedenheiten der Eltern nach § 1628 BGB oder zur

Übertragung des vollständigen beziehungsweise teilweisen Sorgerechts nach § 1671 im sogenannten isolierten Verfahren stellen. Dies ist sowohl als »normaler« Antrag im Hauptsacheverfahren als auch bei besonderer Eilbedürftigkeit im Rahmen einer einstweiligen Anordnung möglich. Zuständig hierfür ist das Familiengericht, bei dem Ihre Scheidungssache anhängig ist beziehungsweise war, andernfalls das Gericht, in dessen Bezirk das Kind seinen gewöhnlichen Aufenthalt hat, § 152 FamFG.

**!** Hat ein Elternteil einseitig, also ohne Zustimmung des anderen Elternteils, den Aufenthaltsort des Kindes geändert, bleibt grundsätzlich das »Scheidungsgericht« beziehungsweise das Gericht des früheren Aufenthalts des Kindes zuständig, § 154 FamFG.

### 4.6.4 Anhörung und Mitwirkung: Wer alles am Verfahren beteiligt ist

**Anderer Elternteil**

Neben Ihnen als Elternteil ist auch der andere Elternteil im Erörterungstermin vom Familiengericht anzuhören, § 160 FamFG. Danach wird das Jugendamt angehört, das in der Regel eine mündliche Stellungnahme abgibt, § 162 FamFG. Ist das Jugendamt am Termin verhindert, erfolgt die Stellungnahme gegenüber dem Gericht im Vorfeld.

**Verfahrensbeistand**

Ist ein Verfahrensbeistand bestellt, ist dieser als Beteiligter zum Verfahren hinzuzuziehen, § 158 Abs. 3 Satz 2 FamFG. Er vertritt die Interessen des Kindes.

**Kindesanhörung**

Schließlich wird das Kind angehört. Das ist grundsätzlich bei Kindern der Fall, die das 14. Lebensjahr vollendet haben. Eine Ausnahme gilt für solche Vermögensangelegenheiten, die eine Anhörung des Kindes nicht erfordern, § 159 Abs. 1 FamFG. Ist das Kind jünger als 14 Jahre, ist es persönlich anzuhören, sofern seine Neigungen, Bindungen oder sein Wille für die Entscheidung von Bedeutung sind oder seine persönliche Anhörung aus sonstigen Gründen erforderlich ist, § 159 Abs. 2 FamFG.

### 4.6.5 Wie das Gerichtsverfahren sonst verläuft

**Hinwirken auf Einvernehmen**

Das Familiengericht soll in jeder Lage des Verfahrens auf ein Einvernehmen der Beteiligten hinwirken, wenn dies dem Kindeswohl nicht widerspricht, § 156 Abs. 1 Satz 1 FamFG. Zugleich muss es auf die Inanspruchnahme von Beratung und Mediation hinweisen. Eine Mediation ist ein von dem anhängigen Rechtsstreit unabhängiges Verfahren. Ziel ist es, dass die Beteiligten unter der Leitung eines Mediators eine an den individuellen Interessen und Bedürfnissen orientierte Lösung des Konflikts erarbeiten.

**!**

Das Gericht kann auch als Auflage anordnen, dass Sie an einer Beratung durch die Beratungsstellen und -dienste der Träger der Kinder- und Jugendhilfe teilnehmen, die insbesondere zur Entwicklung eines einvernehmlichen Konzepts für die Wahrnehmung der elterlichen Sorge und der elterlichen Verantwortung dienen, § 156 Abs. 1 FamFG. Zur Teilnahme an einer solchen Auflage können Sie zwar nicht gezwungen werden, aber der Richter kann Ihre Weigerung später bei der Entscheidung über die Verfahrenskosten zu Ihren Lasten auslegen, § 81 Abs. 2 Nr. 5 FamFG.

**Einstweilige Anordnung**

Kommt es im ersten Termin zu keiner Einigung, muss das Gericht mit den Beteiligten und dem Jugendamt für das weitere Verfahren den Erlass einer einstweiligen Anordnung erörtern, zum Beispiel über die Übertragung von Teilbereichen des Sorgerechts in dringenden Fällen. Dies gilt ebenso, wenn ein kinder- beziehungsweise familienpsychologisches Gutachten in Auftrag gegeben wird. Das Kind ist vor dem Erlass der einstweiligen Anordnung vom Gericht persönlich anzuhören, § 156 Abs. 1 FamFG.

Liegt eine Entscheidung des Gerichts vor und ändern sich die Verhältnisse, kann zum Wohle des Kindes eine Abänderung bei Gericht beantragt werden, § 1696 BGB.

### 4.6.6 Diese besonderen Regeln gelten bei Kindeswohlgefährdung

**§**

Liegt eine Kindeswohlgefährdung vor, soll das Familiengericht mit den Eltern und in geeigneten Fällen auch mit dem Kind erörtern, wie dem, insbesondere durch öffentliche Hilfen, begegnet werden und welche Folgen die Nichtannahme notwendiger Hilfen haben kann. Grundsätzlich müssen sowohl die Eltern als auch der Verfahrensbeistand sowie das Jugendamt am Termin teilnehmen. Das Gericht hat zudem unverzüglich den Erlass einer einstweiligen Anordnung zum Wohle des Kindes zu prüfen, § 157 FamFG.

Auch hier kommt der Anhörung der Beteiligten und insbesondere der Kinder erhebliche Bedeutung zu.

## 4.7 Herausgabe und Vollstreckung: Wenn Sie Ihr Kind wiederhaben wollen

**Unterscheidung**

Wird Ihnen Ihr Kind widerrechtlich, also zum Beispiel ohne Absprache, vorenthalten, können Sie dessen Herausgabe verlangen. Wichtig dabei ist, bei wem und wo sich das Kind befindet.

**Kind ist bei dritter Person**

Als alleinsorgeberechtigter Elternteil haben Sie das Recht, die Herausgabe des Kindes von jedem zu verlangen, der es den Eltern oder einem Elternteil widerrechtlich vorenthält, § 1632 Abs. 1 BGB. Besteht die gemeinsame elterliche Sorge, müssen grundsätzlich beide Elternteile die Herausgabe des Kindes verlangen. Ist ein Elternteil dazu nicht bereit, kann der andere Elternteil die Herausgabe des Kindes an sich verlangen. Widerspricht der andere Elternteil diesem Herausgabeverlangen, kann das Gericht angerufen werden. Auch hier entscheidet letztlich das Kindeswohl.

**Kind ist beim anderen Elternteil**

Verlangt ein Elternteil vom anderen Elternteil die Herausgabe des Kindes, setzt das die alleinige elterliche Sorge voraus. Sind beide Elternteile sorgeberechtigt, ist für den Herausgabeanspruch das alleinige Aufenthaltsbestimmungsrecht erforderlich. Steht auch beiden Eltern das Aufenthaltsbestimmungsrecht zu, muss derjenige das Kind zurückführen, der einseitig von einer gemeinsam mit dem anderen Elternteil getroffenen Absprache abweicht. Sind beide Elternteile zur Aufenthaltsbestimmung berechtigt und besteht keine gemeinsame Absprache, entscheidet ausschließlich das Kindeswohl.

**!** Die Herausgabe des Kindes muss beim Familiengericht als gesonderter Antrag – gegebenenfalls zusammen mit anderen Anträgen, zum Beispiel auf Übertragung des Aufenthaltsbestimmungsrechts – geltend gemacht werden, damit ein darauf gerichteter gesonderter Vollstreckungstitel erteilt werden kann.

**Kind ist im Ausland** Eine besondere Situation besteht, wenn das Kind ins Ausland entführt worden ist. Viele Länder, vor allem auch außerhalb Europas, sind dem Haager Übereinkommen über die zivilrechtlichen Aspekte internationaler Kindesentführung (HKiEntÜ) beigetreten. Danach sind grundsätzlich Kinder unter 16 Jahren, die unmittelbar vor der Sorgerechtsverletzung ihren gewöhnlichen Aufenthalt in einem Vertragsstaat hatten, nach dorthin wieder zurückzuführen. Die Gerichtsbarkeit des Landes, in welches das Kind gebracht worden ist, darf also keine abweichende Entscheidung fällen.

**Tipp** Ob das Land, in dem das Kind sich aufhält, dem Abkommen beigetreten ist, können Sie der Internetseite der Haager Konferenz für Internationales Privatrecht unter *www.hcch.net* unter »Conventions«, »Convention Nr. 28«, »Status Table« beziehungsweise »Acceptance of accessions« entnehmen.

Ist das Land beigetreten, wenden Sie sich bitte direkt an das Bundesamt für Justiz in Bonn (Zentrale Behörde für Internationale Sorgerechtskonflikte). Dort kann man Ihnen weiterhelfen und auch entsprechende Antragsformulare zur Verfügung stellen. Auch für nicht beigetretene Staaten kann man Ihnen dort wertvolle Tipps und Hinweise geben.

# 5. Wer sonst noch sorgeberechtigt ist

## 5.1 Neuer Lebensgefährte

**Unterscheidung**

Hier müssen Sie die Heirat mit einem neuen Lebensgefährten, die Verbindung mit einem Lebenspartner und das Zusammenleben mit einem Lebensgefährten unterscheiden.

**»Kleines Sorgerecht«**

Hat ein Elternteil wieder geheiratet und ist er allein sorgeberechtigt, hat der neue Ehegatte, also die Stiefmutter oder der Stiefvater, das sogenannte kleine Sorgerecht, das heißt die Befugnis zur Mitentscheidung in Angelegenheiten des täglichen Lebens des Kindes. Auch besteht zur Abwendung von Gefahren für das Kind die Berechtigung, alle notwendigen Rechtshandlungen vorzunehmen (Notvertretungsrecht). Hiervon ist der sorgeberechtigte Elternteil unverzüglich zu unterrichten, § 1687 b BGB.

**!**

Diese Befugnisse bestehen nicht, wenn das Familiengericht diese zum Wohle des Kindes ausgeschlossen oder eingeschränkt hat. Ebenso hat der Stiefelternteil keine Befugnisse, wenn er und der allein sorgeberechtigte Elternteil nicht nur vorübergehend getrennt leben.

**Eingetragener Lebenspartner**

Nach dem Lebenspartnerschaftsgesetz (LPartG) können zwei gleichgeschlechtliche Menschen durch Erklärung gegenüber dem Standesbeamten eine Lebenspartnerschaft begründen. Hier gelten die gleichen Regeln wie bei der Heirat mit einem neuen Lebensgefährten, § 9 Abs. 1 bis 4 LPartG, soweit das Kind nicht von dem eingetragenen Lebenspartner adoptiert wurde.

**Lebensgefährte**

Ein unverheirateter Lebensgefährte hat keine sorgerechtlichen Befugnisse, soweit es sich nicht um den leiblichen Vater handelt und keine Sorgeerklärung abgegeben wurde.

## 5.2 Adoption

**§**

Nimmt ein Ehepaar ein Kind oder ein Ehegatte ein Kind des anderen Ehegatten an, erlangt das Kind die rechtliche Stellung eines gemeinschaftlichen Kindes der Ehegatten,

§ 1754 Abs. 1 BGB. In allen anderen Fällen ist nur die Person sorgeberechtigt, die das Kind adoptiert, § 1754 Abs. 1 BGB.

### 5.3 Pflegepersonen

**Befugnisse** Lebt ein Kind längere Zeit in einer Pflegefamilie, ist die Pflegeperson berechtigt, in Angelegenheiten des täglichen Lebens zu entscheiden sowie den Inhaber der elterlichen Sorge in solchen Angelegenheiten zu vertreten. Die Pflegeperson ist zudem befugt, den Arbeitsverdienst des Kindes zu verwalten sowie Unterhalts-, Versicherungs-, Versorgungs- und sonstige Sozialleistungen für das Kind geltend zu machen und zu verwalten. Dies gilt ebenso für Personen, die in Heimen, betreuten Wohneinrichtungen und Ähnlichem die Erziehung und Betreuung eines Kindes übernommen haben, § 1688 Abs. 1 und 2 BGB.

! Diese Befugnisse gelten nicht, wenn das Familiengericht diese einschränkt oder der Sorgerechtsinhaber etwas anderes erklärt, es sei denn, das Gericht hat die Unterbringung bei der Pflegefamilie angeordnet.

### 5.4 Vormund

§ Sind beide Elternteile nicht in der Lage, die elterliche Sorge auszuüben, oder wurde sie ihnen entzogen, erhält das minderjährige Kind einen Vormund, §§ 1773 ff. BGB.

Der Vormund hat das Recht und die Pflicht, für die Person und das Vermögen des Mündels zu sorgen, insbesondere den Mündel zu vertreten, § 1793 Abs. 1 Satz BGB. Damit hat er grundsätzlich die gleichen Rechte und Pflichten, die im Rahmen der elterlichen Sorge bestehen.

### 5.5 Jugendamt

**Organ der Jugendhilfe** Das Jugendamt ist Organ der Jugendhilfe. Zu seinen Aufgaben gehört insbesondere, Kinder auf ihre Rechte vor Gericht hinzuweisen, § 8 Abs. 1 SGB VIII, wegen Sorge und Umgang zu helfen, §§ 18 ff., 27 ff., 50 Abs. 2 SGB VIII, und Schutzmaßnahmen zu ergreifen, § 50 Abs. 2 SGB VIII.

**Unterstützung des Familiengerichts**

Das Familiengericht wird vom Jugendamt bei Kindschaftssachen durch zahlreiche Hilfsangebote für Kinder und Jugendliche unterstützt, § 50 Abs. 1 und SGB VIII. Zudem ist das Jugendamt in Verhandlungsterminen, die den Aufenthalt des Kindes, das Umgangsrecht oder die Herausgabe des Kindes betreffen, in Form eines Vertreters anzuhören beziehungsweise hat es eine schriftliche Stellungnahme abzugeben, § 162 FamFG. Das gilt insbesondere bei drohender Gefährdung des Kindeswohls; hier soll das Jugendamt auch bei der Erörterung teilnehmen, § 162 FamFG.

# Kapitel 2
# Umgangsrecht

## 1. Die Grundlagen des Umgangsrechts

### 1.1 Umgang: Als Elternteil sind Sie verpflichtet und berechtigt

§ Als Elternteil ist jeder von Ihnen zum Umgang mit dem Kind verpflichtet und berechtigt, § 1684 Abs. 1 BGB. Eine Unterscheidung zwischen ehelichen und unehelichen Kindern findet dabei nicht statt. Durch den Umgang soll eine Entfremdung vermieden werden, die für das Kind nachteilig wäre. Ihr Umgangsrecht besteht bereits bei einem Säugling und endet mit der Volljährigkeit des Kindes. Maßstab für den Umgang ist das Kindeswohl. Dabei ist Ihr Umgangsrecht nicht nur durch die deutsche Verfassung nach Art. 6 Abs. 2 Satz 1 GG, sondern auch durch die Europäische Menschenrechtskonvention nach Art. 8 EMRK geschützt.

! Das Umgangsrecht ist ein höchstpersönliches Recht und steht nicht zu Ihrer Disposition. Sie müssen es daher persönlich ausüben und können sich nicht von jemanden vertreten lassen oder es jemanden anderen überlassen oder übertragen.

**Einzelheiten** Das Umgangsrecht umfasst Ihr Recht und Ihre Pflicht, das Kind regelmäßig zu sehen und zu sprechen, seine Entwicklung und sein Wohlergehen zu fördern sowie die wechselseitige Verbundenheit zu pflegen. Im Einzelnen gehören zum Umgang

- der persönliche Kontakt einschließlich des gemeinsamen Urlaubs,
- der telefonische Kontakt,
- der Briefkontakt,
- das Recht, Ihr zu Kind zu beschenken und

- der Anspruch auf Auskunft über die persönlichen Verhältnisse des Kindes.

**Übergang des Umgangsrechts**

Während des Umgangs geht das Recht zur persönlichen Betreuung auf den Umgangsberechtigten über. Das bedeutet, dass er die Ernährung und Pflege des Kindes sowie den Tagesablauf bestimmt. Auch entscheidet er nach § 1687 Abs. 1 Satz 2 BGB allein in Angelegenheiten des täglichen Lebens (siehe S. 17 ff.) und in Notfällen, also zum Beispiel bei einer dringend nötigen ärztlichen Behandlung.

## 1.2 Wohlverhaltenspflicht: Der Umgang darf nicht boykottiert werden

**Loyalitätsgrundsatz**

Beim Umgangsrecht ist die Wohlverhaltenspflicht der Eltern besonders wichtig. Danach haben die Eltern alles zu unterlassen, was das Verhältnis des Kindes zum jeweils anderen Elternteil beeinträchtigt oder die Erziehung erschwert, § 1684 Abs. 2 BGB. Die Wohlverhaltenspflicht gilt also für und gegen beide Elternteile. Zugleich gebietet dieser Loyalitätsgrundsatz neben dem Unterlassen von Beeinträchtigungen des Umgangs auch positives Tun, zum Beispiel bei weiteren Entfernungen das Kind zum Bahnhof zu bringen, damit es mit dem Zug zum Umgangstermin fahren kann. Zudem ist der betreuende Elternteil verpflichtet, die Umgangsbereitschaft des Kindes aktiv zu fördern, sofern dem nicht das Kindeswohl entgegensteht. Der betreuende Elternteil darf den Umgang keinesfalls allein dem Kind überlassen.

## 1.3 Das sind die Rechte Ihres Kindes

**Umgangspflicht**

Neben dem zu beachtenden Aspekt des Kindeswohls sind die Eltern nach § 1684 Abs. 1 BGB auch zum Umgang mit dem Kind verpflichtet. Die Eltern müssen sich also um das Kind kümmern. Ein solcher Anspruch des Kindes, vertreten durch einen Elternteil gegenüber dem anderen Elternteil, lässt sich in der Praxis jedoch nur schwer durchsetzen. Denn wenn ein Elternteil den Umgang mit seinem Kind nachhaltig verweigert, dient die Durchsetzung des Umgangsrechts mit Zwangsmitteln regelmäßig nicht dem Kindeswohl. Nur wenn konkrete

Anhaltspunkte dafür vorliegen, dass auch ein erzwungener Umgang dem Kindeswohl dienen würde, kommen Zwangsmittel in Betracht. Das gilt insbesondere, wenn es dem Kind aufgrund seiner bereits vorhandenen stabilen Persönlichkeit gelingen könnte, den Widerstand des Elternteils gegen den Umgang zu beseitigen (BVerfG, FamRZ 2008, S. 845).

**!** Bei Schwierigkeiten mit dem Umgang kann sich Ihr Kind auch ohne Eltern an das Jugendamt wenden. Ihr Kind hat gegenüber dem Jugendamt einen Anspruch auf Beratung und Unterstützung, § 18 Abs. 3 Satz 1 SGB VIII.

## 2. Bei Trennung oder Scheidung: Der Umgang sollte geregelt werden

**Ihr Kind braucht Unterstützung**

Eine Trennung beziehungsweise Scheidung belastet nicht nur die Eltern, sondern vor allem auch das Kind. Umso wichtiger ist es daher, dem Kind weiterhin das Gefühl zu geben, dass trotz der Trennung beide Elternteile für es da sind. Dies kann letztlich aber nur dann gelingen, wenn der Kontakt zu dem nicht betreuenden Elternteil nicht abreißt und ein entsprechender Umgang gewährt wird.

### 2.1 Warum eine Umgangsregelung so wichtig ist

**Streit vermeiden**

Unbeschadet der Frage, ob Sie und der andere Elternteil gemeinsam sorgeberechtigt oder zur Bestimmung des Kindesaufenthalts berechtigt sind oder nicht, sollte im Falle einer Trennung beziehungsweise Scheidung der Umgang geregelt werden. Gerade über die Zeiten und die Dauer des Umgangs mit dem gemeinsamen Kind entsteht häufig Streit, der durch eine frühzeitige Regelung größtenteils vermieden werden kann. Zudem ist es auch für das Kind wichtig, dass Regeln für den Umgang bestehen, damit sich das Kind innerlich darauf vorbereiten kann.

**!** Umgangsregelungen können starr oder flexibel gestaltet werden. Da flexible Regelungen jedoch bei Verweigerung eines Elternteils nicht vollstreckbar, also durchsetzbar, sind, kommen diese nur bei Einigkeit der Eltern in Betracht. Generell ist aber auch bei einer flexiblen Handhabung des Umgangsrechts ein Mindestmaß an Absprachen erforderlich, wozu Sie als Eltern auch verpflichtet sind.

## 2.2 Was Sie bei einer Umgangsregelung alles berücksichtigen sollten

**Im Vorfeld klären**

Sowohl bei einer einvernehmlichen Umgangsregelung mit dem anderen Elternteil als auch bei einem gerichtlichen Streit über den Umgang sollten Sie sich bereits im Vorfeld darüber klar sein, was beim Umgang zu regeln ist (ein Muster einer Umgangsregelung finden Sie auf S. 64 ff.).

### 2.2.1 Der Regelfall: das Umgangsmodell

**Lebensmittelpunkt**

Beim nahezu regelmäßig praktizierten Umgangsmodell hat das Kind seinen Lebensmittelpunkt bei einem Elternteil. Dieser Elternteil betreut das Kind, während der andere Elternteil Unterhalt zahlt und ein Umgangsrecht mit dem Kind hat.

#### a) Wöchentliche Dauer und Häufigkeit des Umgangs

**Vertrauensbasis bilden**

Durch den Umgang soll sich eine wirkliche Vertrauensbasis zwischen dem Umgangsberechtigten und dem Kind bilden. Dazu muss die beim jeweiligen Kontakt vorhandene Zeit so bemessen sein, dass gemeinsame Unternehmungen möglich sind. Das Zeitempfinden und die Hobbys (zum Beispiel Sportveranstaltungen) des Kindes sind dabei mit zu berücksichtigen.

**Abstufungen nach Alter**

Je nach Alter des Kindes sind für die Dauer und Häufigkeit des Umgangs aber Abstufungen erforderlich. Demnach gewähren die Gerichte in der Regel bei Kleinstkindern einmal wöchentlich wenige Stunden Umgang vor oder nach deren Mittagsschlaf. Bei Kleinkindern beträgt das Umgangsrecht einmal pro Woche bis zu vier Stunden. Ab dem zweiten bis dritten Lebensjahr sollten Sie von einem 14-tägigen Umgang von Samstagvormittag bis Sonntagabend ausgehen, zumal das Bundesverfassungsgericht die Übernachtung eines dreijährigen Kindes beim Vater unter den Schutz des Art. 6 GG gestellt hat (BVerfG, FamRZ 2007, S. 105). Insoweit ist auch heute keine generelle Altersgrenze für Übernachtungen mehr vorgesehen (OLG Zweibrücken, FamRZ 2009, S. 134). Schulkindern wird jedes zweite Wochenende ein Umgang von Freitagnachmittag bis Sonntagabend eingeräumt. Bei größerer Entfernung zwischen den Eltern wird auf die Wochenendbesuche verzichtet und stattdessen der Umgang in Ferienblöcken durchgeführt, kleinen Kindern ist hierzu aber nicht ohne Weiteres eine Flugreise zuzumuten (AG Tempelhof-Kreuzberg FamRZ 2009, S. 795).

**Tipp** Bei Kleinkindern ist es häufig sinnvoll, dem Kind bei den ersten Übernachtungen beim Umgangsberechtigten telefonischen Kontakt zur Hauptbezugsperson zu ermöglichen, damit es keine Angst hat.

### b) Umgang an Feiertagen

**Doppelfeiertage** Die Regelungen zum Umgang an Feiertagen sind vorrangig gegenüber denjenigen zum wöchentlichen Umgang. An Doppelfeiertagen kann der Umgangsberechtigte beanspruchen, dass das Kind einen Feiertag bei ihm verbringt, in der Regel den zweiten Feiertag zwischen 9 und 18 Uhr. Zudem sind auch Regelungen möglich, wonach das Kind bei einem Elternteil Heiligabend und beim anderen Elternteil Silvester verbringt und dies im Folgejahr umgekehrt ist. Gerade auch auf Wunsch des Kindes kann angeordnet werden, dass es sich abwechselnd an Heiligabend bei einem Elternteil aufhält. Im Übrigen können auch Feiertage anderer Religionen zu berücksichtigen sein.

**Tipp** In Umgangsregelungen sollten Sie aufnehmen, dass das Kind am Geburtstag der Mutter und am Muttertag sowie am Geburtstag des Vaters sowie am »Vatertag« (Christi Himmelfahrt) zumindest einige Stunden bei dem entsprechenden Elternteil ist.

### c) Umgang in den Schulferien

**Grundsätzlich zur Hälfte**

Auch Ferienregelungen sind gegenüber Regeln zum wöchentlichen Umgang vorrangig. Sogenannte bewegliche Ferientage gelten nicht als für das Umgangsrecht maßgebliche Schulferien. Die Schulferien sind auch relevant bei noch nicht schulpflichtigen Kindern (BVerfG, FamRZ 2005, S. 105). Der Umgangsberechtigte kann in der Regel beanspruchen, dass das Kind die Hälfte aller Schulferien bei ihm ist. In der Praxis fehlt dafür jedoch aufgrund einer beruflichen Tätigkeit meistens die Zeit. Kindern bis zwölf Jahren ist aber grundsätzlich nicht zuzumuten, dass sie länger als 14 Tage von ihrer Hauptbezugsperson entfernt sind (OLG Naumburg, FamRZ 2002, S. 564). Insoweit können dem Kind auch keine längeren Kontakte mit einem Elternteil aufgezwungen werden, wenn es diesen kaum kennt (OLG Köln, FamRZ 2005, S. 1276 LS). In der Regel sollte der Umgang zu Beginn der Schulferien stattfinden, damit das Kind ausreichend Zeit hat, diesen zu verarbeiten (KG, FamRZ 2006, S. 878).

**Tipp**

Zur Gewöhnung ist es ratsam, vor den ersten Ferien beim Umgangsberechtigten die Besuchswochenenden einschließlich der Übernachtungen, zu verlängern.

**Auslandsreisen**

Flugreisen ins europäische Ausland und darüber hinaus bedürfen der Zustimmung des anderen Elternteils. Bei ausländischen Elternteilen ist auch der nichteheliche Vater berechtigt, mit dem Kind in sein Heimatland zu reisen, damit es dort dessen Familie kennenlernt. Ebenso darf ein ausländischer Vater das vierjährige Kind mit auf eine Flugreise ins Ausland zu seinen Verwandten nehmen (OLG Frankfurt, FamRZ 2007, S. 664).

**Tipp**

Da der Umgangsberechtigte dem anderen Elternteil unaufgefordert die Ferienanschrift des Kindes mitteilen muss (OLG Brandenburg, FamRZ 2002, S. 974), sollte dies auch von vornherein geschehen, um unnötige Spannungen zwischen den Eltern zu vermeiden.

### d) Umgangsort

**Beim Umgangsberechtigten**

Der Umgang hat grundsätzlich beim dazu Berechtigten in dessen Wohnung stattzufinden. Der Umgangsberechtigte kann ebenso entscheiden, wer ihn besucht oder wen er mit dem Kind besucht. Lediglich bei kleinen Kindern kommt anfangs ein Umgang in der Wohnung des abwesenden betreuenden Elternteils in Betracht, um Unsicherheiten und Begegnungsängste abzubauen. Das gilt ebenso, wenn das erkrankte Kind transportunfähig ist (BVerfGE, FamRZ 2005, S. 429). Leichtere Erkrankungen des Kindes oder des Umgangsberechtigten schließen aber den Umgang nicht aus (OLG Brandenburg, FamRZ 2003, S. 111). Eine Inhaftierung schließt den Umgang ebenfalls nicht aus, er muss aber dem Kindeswohl entsprechen. Ist ein kindgerechter Umgang in der Justizvollzugsanstalt nicht möglich, kann dieser unterbunden werden. Findet der Umgang dagegen in kindgerechter Umgebung statt, zum Beispiel in einem Spielzimmer in der Anstalt, braucht der sorgeberechtigte Elternteil trotzdem keinen 14-tägigen Umgang zu ermöglichen.

**Tipp**

Haben Sie einen neuen Partner, sollten Sie Ihr Kind nur langsam an diesen heranführen. Gerade bei einer erst kurz zurückliegenden Trennung wird Ihr Kind durch die ständige Anwesenheit eines neuen Partners überfordert und sieht womöglich eine Loyalitätsverletzung gegenüber dem anderen Elternteil.

### e) Ausgefallener Umgang

**Nachholung am Folgewochenende**

In einer Umgangsregelung sollte unbedingt mit aufgenommen werden, wie ausgefallener Umgang, zum Beispiel wegen einer schweren Erkrankung, nachgeholt wird. Nur so wird späterer Streit vermieden und auch dem betreuenden Elternteil der Anreiz genommen, den Umgang absichtlich zu unterlaufen. In der Regel ist das Ersatzwochenende dasjenige, das dem Wochenende folgt, an dem der Umgang ausgefallen ist.

**Tipp**

Sind Sie als Umgangsberechtigter verhindert, sollten Sie das so schnell wie möglich – am besten dem Kind selbst – mitteilen. Denken Sie daran, wie enttäuscht das Kind ist, wenn es vergeblich auf Sie wartet. Zudem können ständig geplatzte Termine dazu führen, dass Sie Ihr Umgangsrecht verlieren.

### f) Sonstige Umgangsrechte

Zu den sonstigen Umgangsrechtsrechten sollten Sie wissen,

- **Telefon** dass beim telefonischen Kontakt der betreuende Elternteil seine Telefonnummer nicht bekannt geben muss. Auch darf ein dem Kind überlassenes Handy nicht zu seiner ständigen Erreichbarkeit und damit einer Umgehung der Umgangsregelung führen. Das gilt ebenso für das Schreiben von SMS;
- **Brief** dass beim Briefkontakt der betreuende Elternteil verpflichtet ist, die Post an das Kind weiterzuleiten. Ob die Post auch vom Betreuenden kontrolliert werden darf, ist noch nicht geklärt. Eine solche Kontrolle setzt aber zumindest voraus, dass das Kindeswohl dies zwingend erfordert;
- **Geschenke** dass beim Recht, Ihr zu Kind zu beschenken, die Geschenke nicht so überzogen sein dürfen, dass das Kind dadurch gegenüber dem anderen Elternteil beeinflusst wird.

Insbesondere bei einem gerichtlichen untersagten Umgang mit dem Kind kann der davon betroffene Elternteil grundsätzlich Auskunft über die persönlichen Verhältnisse des Kindes verlangen. Davon umfasst sind

- **Berichte** schriftliche Berichte über die Entwicklung des Kindes, deren Umfang der Betreuende bestimmt. Wie oft solche Berichte zu erstellen sind, wird von der Rechtsprechung unterschiedlich beurteilt. So reicht der Anspruch auf einen Bericht von jährlich (OLG Frankfurt, FamRZ 2002, S.1585) bis alle drei Monate (OLG Brandenburg, FamRZ 2008, S. 638);
- **Adresse** die Adresse des Kindes;

Foto
- nach überwiegender Auffassung alle sechs Monate ein Foto des Kindes, sofern kein Umgang besteht;
- nach vorherrschender Ansicht Kopien der Zeugnisse;

Krankheit
- eine Information über erhebliche Gesundheitsbeeinträchtigungen des Kindes. Sonst reicht es aus, wenn im Rahmen der schriftlichen Berichte Erkrankungen nachträglich mitgeteilt werden.

#### g) Einschränkungen des Umgangsrechts durch die Eltern

**Vorrang** Eingeschränkt wird das Umgangsrecht durch den Vorrang des sorgeberechtigten Elternteils. So ist bei Streitigkeiten zwischen den Eltern über die Sicherheit, zum Beispiel bei einer Motorradfahrt, oder den konkreten Aufenthalt des Kindes die Entscheidung des Sorgeberechtigten vorrangig. Auch ist in Konfliktfällen der Sorgeberechtigte befugt, den Umgang des Kindes mit bestimmten dritten Personen zu untersagen.

**Termine** Schließlich muss beim Umgang Rücksicht auf die Terminverpflichtungen der Beteiligten genommen werden. Beim Abholen des Kindes sollte die Pünktlichkeit der Eltern generell oberstes Gebot sein, damit das Kind seine Eltern als zuverlässig erlebt.

**Tipp** Häufig wird zwischen den Eltern darüber gestritten, welche Kleidungsstücke dem Kind vom betreuenden Elternteil mitzugeben sind, wenn der Umgang stattfinden soll. Als Umgangsberechtigter können Sie das vermeiden. Legen Sie sich für Ihr Kind eine Grundausstattung zu, die zum Beispiel preisgünstig in einem Second-Hand-Shop beschafft werden kann.

### 2.2.2 Wer beim Umgangsmodell welche Kosten trägt

**Holen und Bringen** Die Kosten für den Umgang sollten Sie wie folgt berücksichtigen: Die Kosten für den persönlichen Kontakt einschließlich des Holens und Bringens sowie des Urlaubs mit dem Kind trägt in der Regel der insoweit Umgangsberechtigte. Dies gilt auch bei engen finanziellen Verhältnissen.

**Ausnahmen**

Kann jedoch der Umgangsberechtigte die Kosten des Bringens und Holens überhaupt nicht zahlen und der betreuende Elternteil diese ohne Weiteres finanzieren, muss der Betreuende die Kosten übernehmen beziehungsweise sich daran beteiligen (OLG Hamm, FamRZ 2004, S. 560). Das gilt ebenso, wenn der betreuende Elternteil durch einen Umzug eine erhebliche räumliche Distanz zum Umgangsberechtigten geschaffen hat (OLG Schleswig, FamRZ 2006, S. 881).

**Tipp**

Generell wünschenswert ist es, wenn der betreuende Elternteil das Kind zum Umgangsberechtigten bringt und dieser umgekehrt das Kind zum betreuenden Elternteil zurückbringt. Denn so wird dem Kind vermittelt, dass die Eltern ihre gegenseitigen Rechte anerkennen.

**!**

**Hartz IV**

Beziehen Sie Sozialleistungen (Hartz IV beziehungsweise Arbeitslosengeld II), können Sie bei größeren Entfernungen zum Wohnort des Kindes die Fahrtkosten und Übernachtungskosten zur Wahrnehmung des Umgangsrechts geltend machen, wenn diese gerichtlich geregelt sind. Diese sind als von den Regelleistungen nicht ausreichend umfasster Bedarf nach § 23 Abs. 1 Satz 1 SGB II zu beurteilen. Als Folge der Entscheidung des Bundesverfassungsgerichts, wonach die Hartz-IV-Regelsätze für Erwachsene und Kinder als verfassungswidrig eingestuft wurden (BVerfG, FamRZ 2010, S. 429), ist diesem Anspruch bis zur gesetzlichen Neuregelung als sogenanntem Härtefall stattzugeben.

**Handy**

Schenken Sie dem Kind ein Handy, müssen Sie nicht nur dafür die Anschaffungs- und laufenden Kosten übernehmen, sondern auch das Einverständnis des anderen Elternteils bekommen.

**Material- und Portokosten**

Beim Auskunftsanspruch ist die Frage umstritten, wer was zu zahlen hat. Um hier unnötige Auseinandersetzungen zu vermeiden, sollte der Auskunftsbeanspruchende die Material- und Portokosten für Berichte, Fotos und Kopien in jedem Fall übernehmen.

### 2.2.3 Im Vordringen begriffen: das Wechselmodell

**Gleichlange Betreuung**

Während es ganz überwiegend so ist, dass nach einer Trennung ein Elternteil das Kind betreut und der andere Elternteil Kindesunterhalt zahlt sowie ein Umgangsrecht mit dem Kind hat (Umgangsmodell, siehe S. 45 ff.), setzt sich zunehmend eine wechselseitige Betreuung des Kindes durch. Dabei wird das Kind abwechselnd von jeweils einem Elternteil in etwa gleich langen Zeitabständen in dessen Haushalt betreut (echtes oder striktes Wechselmodell).

§

Zu den wesentlichen Voraussetzungen für das echte Wechselmodell hat sich das Oberlandesgericht Koblenz geäußert.

**Zweiwöchiges Wechselmodell**

*Sachverhalt:* Die Eltern von zwei gemeinsamen Kindern im Kindergarten- und Grundschulalter trennten sich. Beim Auszug des Vaters einigten sich die Eltern auf ein zweiwöchiges Wechselmodell im Verhältnis von acht zu sechs Tagen, wobei in den nächsten beiden Wochen das Verhältnis sechs zu acht Tage betrug. Die Mutter meinte, die Kinder seien durch die Wechsel belastet und verhaltensauffällig. Sie sah daher das Wechselmodell als gescheitert an und beantragte ein Umgangsmodell mit einem Aufenthaltsschwerpunkt der Kinder bei ihr. Demgegenüber hielt es der Vater für das Wohl der Kinder erforderlich, dass diese zu gleichen Teilen Umgang mit den Eltern haben. Daher sei das Wechselmodell zu vereinfachen.

**Lebensmittelpunkt fehlt**

*Aus den Gründen:* Das OLG Koblenz war der Ansicht, das Wechselmodell entspräche nicht mehr dem Kindeswohl, da den Vorteilen des Wechselmodells erhebliche Nachteile für die Kinder entgegenstünden. Den Kindern fehle hier der Lebensmittelpunkt. Zudem setzten die mit den jeweiligen Wechseln verbundenen Belastungen ein hohes Maß an Kooperation, Kommunikation und Kompromissbereitschaft der Eltern und der Kinder voraus. Das Wechselmodell erfordere daher, dass die Eltern bereit und fähig seien, miteinander zu kooperieren und zu kommunizieren. Leiste ein Elternteil aber Wider-

> stand, könne das Wechselmodell nicht funktionieren. Dieser Widerstand läge bei der Antragstellerin vor. Daher könnten die Parteien nicht reibungslos kommunizieren und sich verständigen. Bei der Antragsstellerin sei auch nicht ersichtlich, dass ihr Widerstand rechtsmissbräuchlich und aus eigennützigen Motiven erfolge. Das Kindeswohl erfordere daher eine Umgangsregelung mit Lebensmittelpunkt der Kinder bei ihr, wobei diese regelmäßig und häufig mit dem Antragsgegner Umgang haben sollten (OLG Koblenz, Beschluss vom 12. 1. 2010, Aktenzeichen: 11 UF 251/09).

**Voraussetzungen**

Danach müssen für das echte Wechselmodell also folgende Voraussetzungen bestehen:

- die Bereitschaft und Fähigkeit der Eltern, miteinander zu kooperieren und zu kommunizieren, und
- keine Belastung des Kindes durch die ständigen Wechsel und damit keine Beeinträchtigung seiner Stabilität.

**!**

Bei den Wechselmodellen bestehen besondere unterhaltsrechtliche Probleme. Hier müssen Sie insbesondere zwischen dem echten und unechten Wechselmodell unterscheiden.

## 2.3 Wenn Sie beim Umgang Hilfe brauchen

**Jugendamt und Familiengericht**

Brauchen Sie nach Ihrer Trennung und Scheidung vom anderen Elternteil Unterstützung bei der Regelung und Ausübung des Umgangsrechts, können Sie sich an das Jugendamt und an das Familiengericht wenden.

### 2.3.1 So unterstützt Sie das Jugendamt

**Kostenfreie Beratung**

Um den Umgang bei Meinungsverschiedenheiten zwischen Ihnen und dem anderen Elternteil zu regeln, sollten Sie stets zuerst mit dem Jugendamt sprechen. Denn Eltern, andere Umgangsberechtigte sowie Personen, in deren Obhut sich das Kind befindet, haben gegenüber dem Jugendamt kostenfreien Anspruch auf Beratung und Unterstützung bei der Ausübung des Umgangsrechts, § 18 Abs. 3 Satz 3 SGB VIII.

**Hilfestellung** Zudem soll das Jugendamt nach § 18 Abs. 3 Satz 4 SGB VIII in folgenden Fällen vermitteln und gegebenenfalls Hilfestellung leisten:

- bei der Befugnis, Auskunft über die persönlichen Verhältnisse des Kindes zu verlangen,
- bei der Herstellung von Umgangskontakten und
- bei der Ausführung gerichtlicher oder vereinbarter Umgangsregelungen.

**Tipp** Auch hier gilt, dass Sie sich mit dem Jugendamt unbedingt vor einem späteren Gerichtsverfahren in Verbindung setzen sollten. Geschieht dies nicht, kann dies beim Familiengericht einen schlechten Eindruck von Ihnen hinterlassen.

### 2.3.2 Wie das Gericht den Umgang regelt

**Auflagen möglich** Können auch das Jugendamt oder andere Beratungsstellen nicht weiterhelfen, bleibt nur der Weg über das Gericht. Das Familiengericht kann den Umgang nicht nur regeln, sondern ihn darüber hinaus auch mit Auflagen für den Umgangsberechtigten versehen sowie den Umgang einschränken oder ausschließen.

#### a) Ablauf des Umgangsverfahrens

**Grundsätze** Das Umgangsverfahren beim Familiengericht verläuft im Wesentlichen wie beim Sorgerechtsverfahren. Auch hier muss grundsätzlich ein Antrag auf eine Regelung gestellt werden. Es gelten folgende Grundsätze:

- Vorrang des Kindeswohls,
- Vorrang- und Beschleunigungsgebot,
- Gebot zur einvernehmlichen Regelung,
- Pflicht zur Anhörung des Jugendamts und des Kindes,
- Verfahrensbeistand für das Kind,
- Erlass einer einstweiligen Regelung, wenn keine Einigung erzielt wurde.

Es gelten sinngemäß die Ausführungen zum Sorgerecht (siehe S. 13 ff.).

Die Entscheidung des Familiengerichts ergeht per Beschluss und kann mit dem Rechtsmittel der Beschwerde beim erlassenen Gericht angegriffen werden. Der Beschluss, der die Regelung des Umgangs anordnet, hat zugleich auch auf die Folgen einer Zuwiderhandlung gegen diese Anordnung als Vollstreckungstitel hinzuweisen, § 89 Abs. 2 FamFG.

**Entscheidung per Beschluss**

**Tipp**

Einigen Sie sich vor Gericht, ist diese einvernehmliche Regelung als Vergleich aufzunehmen, wenn das Gericht diese billigt. Die Billigung wird erteilt, wenn sie dem Kindeswohl entspricht.

### b) Wann das Umgangsrecht eingeschränkt oder ausgeschlossen wird

**§**

Das Familiengericht kann den Umgang mit dem Kind einschränken oder ausschließen, soweit dessen Wohl dies erfordert. Das gilt auch für den Vollzug früherer Entscheidungen zum Umgang, § 1684 Abs. 4 BGB.

In folgenden Fällen kommt ein Ausschluss oder eine Beschränkung des Umgangsrechts in Betracht:

*aa) Alkohol- und Drogenmissbrauch*

**Grundsätzlich kein Ausschluss**

Alkohol- und/oder Drogenprobleme rechtfertigen keinen Ausschluss des Umgangs, sofern sie nicht das Kindeswohl beeinträchtigen (OLG Naumburg, FamRZ 2009, S. 433). Jedoch kann Alkohol- oder Drogengenuss zu solchen Ausfallerscheinungen beim Konsumenten führen, dass er das Kind nicht mehr betreuen kann. Eine Einschränkung des Umgangs, etwa begleitet, reicht in diesen Fällen grundsätzlich aus. Ausgeschlossen wird der Umgang nur, wenn der Konsum zu unkontrollierbarer Aggressivität führt oder das Kind auch bei begleitetem Umgang nicht ausreichend geschützt werden kann. Besteht eine langjährige schwere Alkoholabhängigkeit, kann der begleitete Umgang und die Auflage angeordnet werden, den Besuch einer Suchttherapie monatlich nachzuweisen (OLG Koblenz, FamRZ 2007, S. 926). Hat der Alkohol- und/oder Drogenabhängige erfolgreich entzogen, wird trotzdem aufgrund der hohen Rückfallquote in der Regel für einen vorübergehenden Zeitraum ein begleiteter Umgang angeordnet.

*bb) Ansteckende Krankheiten*

**Bei Aids kein Ausschluss**

Ist ein Schutz des Kindes vor einer ansteckenden Krankheit des umgangsberechtigten Elternteils nicht möglich, ist der Umgang für diese Zeit auszuschließen. Eine HIV-Infizierung rechtfertigt aber weder einen Ausschluss noch eine Beschränkung des Umgangs, da nach dem derzeitigen Stand der medizinischen Erkenntnisse das Virus bei normalen sozialen Kontakten zwischen Kind und Eltern nicht übertragen werden kann. Aus diesem Grund kann auch kein Elternteil vom anderen die Vorlage eines sogenannten Negativattestes fordern, aus dem hervorgeht, dass keine Ansteckung mit dem HIV-Virus vorliegt.

*cc) Aufsichtspflichtverletzung*

**Einschränkungen**

Verletzt der berechtigte Elternteil beim Umgang wiederholt seine Aufsichtspflicht, kann das zu Einschränkungen des Umgangs führen.

*dd) Entfremdung*

**Behüteter Umgang**

War der Kontakt zwischen einem Elternteil und dem Kind jahrelang unterbrochen, muss der Umgang erst behutsam wieder aufgebaut werden. Daher findet hier zunächst ein vorübergehender behüteter Umgang statt.

*ee) Entführungsgefahr*

**Ausschluss möglich**

Hat ein Elternteil das Kind bereits einmal durch einen längeren Auslandsaufenthalt dem anderen Elternteil vorenthalten oder bestehen konkrete Anhaltspunkte hierzu, ist ein Ausschluss des Umgangs möglich. Voraussetzung ist aber, dass keine milderen Mittel in Betracht kommen. Solche Mittel sind der begleitete Umgang, die Hinterlegung des Personalausweises beziehungsweise Reisepasses oder die Anordnung, dass der Umgang nur im Inland beziehungsweise nur im Inland an bestimmten Orten stattfinden darf. Die bloße ausländische Staatsbürgerschaft, hohe

Schulden oder sehr gute Kontakte ins Ausland rechtfertigen allein keine Entführungsgefahr.

**Tipp**

Zu der Frage, ob die Hinterlegung eines Passes im Hinblick auf die Passhoheit des Herkunftsstaates und die Ausweispflicht überhaupt zulässig ist, bestehen unterschiedliche Auffassungen und Gerichtsentscheidungen. Anregen sollten Sie dieses Mittel trotzdem.

*ff) Gewalttätigkeit und/oder Kindesmisshandlung*

**Eingeschränkter Umgang**

Wurden das Kind oder die Mutter in der Vergangenheit vom Vater misshandelt, rechtfertigt dies Einschränkungen seines Umgangsrechts. Besteht aktuell die Gefahr gewalttätiger Handlungen und ist weder ein begleiteter Umgang noch ein Umgang an einem neutralen Ort möglich, kommt ein Ausschluss des Umgangs in Betracht. Das gilt ebenso, wenn der Hang zur Gewalttätigkeit auf einer schweren Persönlichkeitsstörung beruht und der davon betroffene Elternteil jede Behandlung ablehnt (OLG Köln, FamRZ 2005, S. 2011 LS).

*gg) Pädophile Neigungen*

**Behüteter Umgang**

Hat der umgangsberechtigte Elternteil pädophile Neigungen, kommt nur ein begleiteter Umgang unter zeitlichen Begrenzungen in Betracht. Keine Einschränkung besteht, wenn der Vater sein eigenes Kind nicht gefährdet (BVerfG, FamRZ 2005, S. 1816; 2008, S. 494). Kommt zu den pädophilen Neigungen jedoch eine diagnostizierte Persönlichkeitsstörung hinzu, liegt eine konkrete Gefahr für das Kind vor. Das ist insbesondere der Fall, wenn zu befürchten ist, dass ein begleiteter Umgang zu späteren Manipulationen des Kindes missbraucht wird. Hier ist der Umgang auszuschließen (OLG Düsseldorf FamRZ 2009, S. 1685).

*hh) Sexueller Missbrauch*

**Betroffener muss Unschuld beweisen**

Wird einem Elternteil sexueller Missbrauch vorgeworfen, muss er seine Unschuld nachweisen. Pauschale Vorwürfe wirken sich auf das Umgangsrecht jedoch nicht aus. Ebenso reichen Verdachtsmomente gegen den Elternteil für eine Umgangseinschränkung nicht aus, wohl aber der dadurch entstandene Vertrauensverlust des Kindes. Ist der Verdacht des sexuellen Missbrauchs konkret oder dieser Missbrauch durch ein Gutachten belegt, kommt in der Regel ein begleiteter Umgang in Betracht. Bei einer Gefährdung des Kindes ist der Umgangsausschluss zulässig.

*ii) Spannungen zwischen den Eltern*

**Kein Ausschluss**

Spannungen zwischen den Eltern, insbesondere auch aufgrund fehlender Unterhaltszahlungen, rechtfertigen keinen Ausschluss des Umgangsrechts. Allenfalls kommen Einschränkungen in Betracht, damit das Kind durch die elterlichen Spannungen nicht übermäßig belastet wird.

*jj) Unsittlicher Lebenswandel oder Prostitution*

**Kindeswohlgefährdung**

Die Ausübung der Prostitution genügt grundsätzlich allein nicht zu einem Ausschluss des Umgangsrechts. Hier muss ebenso wie bei unsittlichem Lebenswandel eine Gefährdung des Kindeswohls hinzukommen.

### c) Diese Auflagen kommen in Betracht

**Gegenüber Umgangsberechtigten**

Um den Umgang zum Wohle des Kindes sicherzustellen, kann das Familiengericht als mildeste Einschränkung des Umgangsrechts Auflagen anordnen. So kann zum Beispiel dem Umgangsberechtigten verboten werden, während des Umgangs

- alkoholische Getränke zu konsumieren,
- Gaststätten mit dem Kind aufzusuchen,
- Kampfhunde bei sich zu haben,
- ein Kraftfahrzeug ohne Kindersitz zu benutzen.

**Gegenüber Betreuenden**

Umgekehrt kann gegenüber dem betreuenden Elternteil angeordnet werden,

- an einer Mediation teilzunehmen,
- den Besuch einer Suchttherapie regelmäßig nachzuweisen,
- den Reisepass zu hinterlegen,
- nicht ohne triftige Gründe auszuwandern, insbesondere wenn dadurch der Umgang vereitelt werden soll.

### d) So funktioniert der begleitete Umgang

§

Das Familiengericht kann unter anderem anordnen, dass der Umgang nur in Anwesenheit einer mitwirkungsbereiten dritten Person stattfinden darf, § 1684 Abs. 4 Satz 3 BGB. Dabei handelt es sich um den sogenannten begleiteten (behüteten, beschützten) Umgang. Voraussetzung dafür ist, dass ohne die Anwesenheit des Dritten das Kindeswohl gefährdet wäre. Begleiteter Umgang wird häufig zum Wohle von kleineren Kindern dann angeordnet, wenn eine Entfremdung zwischen dem Kind und dem Umgangsberechtigten eingetreten ist, zum Beispiel weil diese sich längere Zeit nicht gesehen haben.

**Verantwortlich ist das Jugendamt**

Verantwortlich für die zeitnahe Durchführung des begleiteten Umgangs ist das Jugendamt, das auch die Kosten dafür trägt. In der Regel beauftragt das Jugendamt freie Träger mit der Durchführung der Umgangskontakte. Der begleitete Umgang muss jedoch die Ausnahme bleiben, da zwischen dem Elternteil und dem Kind grundsätzlich ein unbefangenes Zusammensein ohne die Anwesenheit einer Aufsichtsperson möglich sein soll. Der begeleitete Umgang ist daher als eine Art Vorstufe zu einem »normalen« Umgang zu sehen, der dann stattfindet, wenn keine Kindeswohlgefährdung mehr besteht.

**Tipp**

Lehnt der Umgangsberechtigte die Begleitung ab, wird der Umgang vollständig ausgeschlossen. Bestehen Streitigkeiten zwischen den Eltern, kann das Familiengericht einen Umgangspfleger bestellen. Als Umgangsberechtigter sollten Sie daher grundsätzlich kooperationsbereit sein.

### e) Das letzte Mittel: Ausschluss des Umgangsrechts

**Schwerster Eingriff**

Der Ausschluss des Umgangsrechts ist der schwerste Eingriff und daher das letzte Mittel. Damit dieser Eingriff gerechtfertig ist, muss die körperliche und/oder geistig-seelische Entwicklung des Kindes konkret und gegenwärtig gefährdet sein. Ein vollständiger Ausschluss des Umgangsrechts ist nur in Ausnahmefällen denkbar. Reichen Auflagen gegenüber dem Umgangsberechtigten oder ein begleiteter Umgang oder aber ein Teilausschluss des Umgangsrechts nicht aus, um die Kindeswohlgefährdung zu vermeiden, wird der Umgang ausgesetzt. In der Regel erfolgt die Aussetzung bei einem bestehenden 14-tägigen Umgang für die Dauer von drei Monaten. Bei Kindern im Vorschulalter können Sie von einer Unterbrechung von einem Monat ausgehen.

### 2.3.3 Vermittlungsverfahren: Wenn das Gericht den Umgang schon einmal geregelt hatte

§

Das Familiengericht vermittelt auf Antrag eines Elternteils zwischen den Eltern, wenn

- bereits eine gerichtliche Entscheidung oder ein gerichtlich gebilligter Vergleich über den Umgang mit dem gemeinschaftlichen Kind existiert und
- ein Elternteil geltend macht, dass der andere Elternteil die Durchführung des Umgangs vereitelt oder erschwert.

Das Gericht kann die Vermittlung ablehnen, wenn bereits ein Vermittlungsverfahren oder eine anschließende außergerichtliche Beratung erfolglos geblieben ist, § 165 Abs. 1 FamFG.

**Verfahren und Beteiligte**

Soll ein Vermittlungstermin stattfinden, lädt das Gericht hierzu unverzüglich ein und ordnet Ihr persönliches Erscheinen sowie das des anderen Elternteils an. In der Regel zieht das Gericht auch das Jugendamt hinzu, § 165 Abs. 2 FamFG. Im Vermittlungstermin wird erörtert, welche Folgen das Unterbleiben des Umgangs für das Wohl des Kindes haben kann und welche Rechtsfolgen sich aus der Vereitelung oder Erschwerung des Umgangs ergeben können. Zudem weist das Gericht Sie und den anderen Elternteil auf die bestehenden Möglichkeiten der Beratung durch die Beratungsstellen und -dienste der Träger der Kinder- und Jugendhilfe hin, § 165 Abs. 3 FamFG.

**Einvernehmen**

Das Gericht soll darauf hinwirken, dass Sie und der andere Elternteil den Umgang künftig einvernehmlich ausüben. Sind Sie und der andere Elternteil hierzu bereit, kommt ein gerichtlich gebilligter Vergleich zustande, der an die Stelle der bisherigen Regelung tritt. Wird ein Einvernehmen nicht erzielt, hält das Gericht die Streitpunkte im Vermerk fest, § 165 Abs. 4 FamFG.

**Beschluss**

Bleibt das Vermittlungsverfahren erfolglos, stellt das Gericht dies durch einen nicht anfechtbaren Beschluss fest. Das ist der Fall, wenn

- weder eine einvernehmliche Regelung des Umgangs noch Einvernehmen über eine nachfolgende Inanspruchnahme außergerichtlicher Beratung erreicht wird oder
- mindestens ein Elternteil in dem Vermittlungstermin nicht erscheint.

**Gerichtliche Prüfung**

Das Gericht prüft dann, ob Ordnungsmittel ergriffen, Änderungen der Umgangsregelung vorgenommen oder Maßnahmen in Bezug auf die Sorge ergriffen werden sollen, § 165 Abs. 5 FamFG.

## 2.4 Sanktionen und Vollstreckung: Wenn der Umgang boykottiert wird

§

Wird der Umgang durch einen Elternteil ständig vereitelt oder erschwert und bleibt auch ein Vermittlungsverfahren erfolglos, kommen Sanktionen gegenüber dem betreffenden Elternteil in Betracht. Zudem ist auch eine Vollstreckung des Umgangs möglich.

Ein Elternteil, der den Umgang boykottiert oder auf sonstige Weise beeinträchtigt, muss mit folgenden Sanktionen rechnen:

### 2.4.1 Neu seit dem 1. 9. 2009: die Umgangspflegschaft

**Umgangspfleger**

Wird die Wohlverhaltenspflicht dauerhaft oder wiederholt erheblich verletzt, kann das Familiengericht eine Pflegschaft für die Durchführung des Umgangs anordnen (Umgangspflegschaft), § 1684 Abs. 3 BGB. Der Umgangspfleger ist berechtigt, die Herausgabe des Kindes zur Durchführung des Umgangs zu verlangen und für die Dauer des Umgangs dessen Aufenthalt zu bestimmen. Er darf bei der Vorbereitung des Umgangs, bei der Übergabe des Kindes an den umgangsberechtigten Elternteil und bei der Rückgabe des Kindes vor Ort sein. Zudem bestimmt er, wie der Umgang konkret ausgestaltet wird. Bestehen zwischen den Eltern Meinungsverschiedenheiten über den Umgang, hat der Umgangspfleger die Möglichkeit, zwischen diesen zu vermitteln oder die Umgangsmodalitäten zu bestimmen. Soweit der Umgangspfleger diese Aufgaben wahrnimmt, wird Ihr Sorgerecht als Elternteil eingeschränkt, § 1630 Abs. 1 BGB.

**Zeitlich befristet**

Die Umgangspflegschaft ist zeitlich zu befristen, wobei jedoch nach Fristablauf erneut eine Umgangspflegschaft angeordnet werden kann. Als Umgangspfleger soll in der Regel eine Person bestellt werden, zu der das Kind Bindungen besitzt und der es daher vertraut. In der Praxis werden aber Fachkräfte einer Beratungsstelle eingesetzt.

Weigert sich ein Elternteil, das Kind an den Umgangspfleger herauszugeben, kann dieser notfalls beim Familiengericht eine darauf gerichtete Anordnung erwirken.

### 2.4.2 Ordnungsmittel

Speziell bei Verstößen gegen gerichtlich festgelegte Umgangsregelungen kann das Familiengericht Ordnungsmittel (Ordnungsgeld und -haft) verhängen, §§ 89 ff. FamFG. Dies gilt für beide Elternteile. Die Ordnungsmittel können sogar im Nachhinein festgesetzt und vollstreckt werden. Zuständig dafür ist stets das Familiengericht, das die betreffende Entscheidung erlassen oder den Vergleich aufgenommen hat. Es spielt daher keine Rolle, wenn sich der Aufenthaltsort des Kindes verändert. Zwangsmittel gegen das Kind sind hingegen ausgeschlossen.

### 2.4.3 Welche Sanktionen sonst noch eingeleitet werden können

Der betreuende Elternteil muss bei Umgangsvereitelungen mit Einschränkungen des an ihn gezahlten Ehegattenunterhalts sowie in besonderen Einzelfällen sogar mit dem Entzug seines Sorgerechts rechnen. Zudem können Verstöße gegen die Wohlverhaltenspflicht nach § 235 StGB wegen der Entziehung Minderjähriger und in Extremfällen nach § 171 StGB wegen Verletzung der Fürsorge- oder Erziehungspflicht strafbar sein.

**Unterhaltskürzung**

### 2.4.4 »Selbsthilfe« des anderen Elternteils: einstweilige Anordnung

**Bei Kindesgefährdung**

Wird das Kindeswohl durch das Verhalten des Umgangsberechtigten erheblich gefährdet, zum Beispiel durch massiven Alkoholkonsum mit Ausfallerscheinungen, können Sie als betreuender Elternteil einen Anwalt oder die Rechtsantragsstelle des Familiengerichts aufsuchen. Dort haben Sie die Möglichkeit, den Erlass einer einstweiligen Anordnung auf Beschränkung beziehungsweise Ausschluss des Umgangsrechts zu beantragen.

**Tipp**

Der in der Antragsstelle tätige Rechtspfleger hilft Ihnen beim Formulieren des Eilantrages.

## 2.5 Abänderung von Umgangsregelungen

**§**

Gerichtliche Entscheidungen und gerichtlich gebilligte Vergleiche zum Umgang können nach § 1696 BGB abgeändert werden, wenn dies aus triftigen, das Wohl des Kindes nachhaltig berührenden Gründen notwendig erscheint. Hierzu ist erneut ein Antrag beim Familiengericht nötig, wenn das Gericht nicht von Amts wegen tätig wird.

Das gilt ebenso für Maßnahmen zum Wohle des Kindes nach §§ 1666 bis 1667 BGB, wenn die Gefahr für das Kind nicht mehr besteht oder die Erforderlichkeit der Maßnahme entfallen ist.

# 3. Ihr Muster: Umgangsvereinbarung zwischen den Eltern

**Für beide Elternteile**

Das folgende Muster einer Umgangsvereinbarung berücksichtigt neben dem Kindeswohl weitestgehend die Interessen beider Elternteile. Sie können eine solche Vereinbarung einvernehmlich mit Unterstützung des Jugendamts oder einer entsprechenden sozialen Einrichtung festlegen. Sie haben aber auch die Möglichkeit, diese Vereinbarung dem Familiengericht vorzulegen und dieses zu bitten, die Regelung in eine gerichtliche Verfügung zu übernehmen, die vom Gericht gebilligt werden muss. Bei Verstößen können dann vom Gericht Ordnungsmittel verhängt werden.

**Umgangs-vereinbarung**

**Umgangsvereinbarung**

zwischen

____________ *(Name und Anschrift)*

– im Folgenden: Mutter –

und

____________ *(Name und Anschrift)*

– im Folgenden: Vater –

über den Umgang mit dem gemeinsamen Kind

____________ *(Name)*,

geb. am ____________ *(Datum)*, wohnhaft bei der/m

____________

*(Mutter oder Vater)*.

**Vorbemerkung**

Die Eltern waren seit dem ____________ *(Datum)* verheiratet und leben seit dem ____________ *(Datum)* getrennt. Sie sind beide für das gemeinsame Kind sorgeberechtigt.

Es besteht zwischen den Eltern Einigkeit darüber, dass das gemeinsame Kind ein Recht auf beide Elternteile hat.

Die Eltern sind sich ferner einig darüber, dass sie sich gegenseitig respektieren und alles unterlassen, was einen Elternteil gegenüber dem Kind herabwürdigen könnte.

Die folgende Umgangsvereinbarung erfolgte unter Mitwirkung von ____________ *(Name und Anschrift der Einrichtung, zum Beispiel Erziehungsberatungsstelle)*. Die Vereinbarung wurde zuvor mit dem gemeinsamen Kind besprochen, das damit einverstanden ist.

**1. Umgangstermine**

Das gemeinsame Kind verbringt jedes zweite Wochenende von freitags bis sonntags beim Vater. Die Mutter bringt das Kind so zum Vater, dass es freitags um 17:00 Uhr dort ist. Der Vater bringt das Kind so zur Mutter zurück, dass es sonntags um 18:00 Uhr dort ist. Das erste Umgangswochenende ist am ___________ *(Datum)*.

An den Doppelfeiertagen (Weihnachten, Ostern, Pfingsten) ist das Kind beim Vater. Die Mutter bringt das Kind so zum Vater, dass es am 1. Feiertag um 10:00 Uhr dort ist. Der Vater bringt das Kind so zur Mutter zurück, das es am 2. Feiertag um 18:00 Uhr dort ist.

An Heiligabend ist das Kind bei der Mutter, an Silvester beim Vater. Die Mutter bringt das Kind so zum Vater, dass es Silvester um 10:00 Uhr dort ist. Der Vater bringt das Kind so zur Mutter zurück, dass es am Neujahrstag um 18:00 Uhr dort ist. Im Folgejahr ist das Kind an Heiligabend beim Vater, an Silvester bei der Mutter. Die Mutter bringt das Kind Heiligabend so zum Vater, dass es um 15:00 Uhr dort ist. Der Vater bringt das Kind so zur Mutter zurück, dass es Heiligabend um 20:00 Uhr dort ist. In den Folgejahren wird dieser Turnus beibehalten. Der erste Umgang an Silvester beim Vater ist am ___________ *(Datum)*.

Am »Vatertag« (Christi Himmelfahrt) ist das Kind beim Vater. Die Mutter bringt das Kind so zum Vater, dass es um 10:00 Uhr dort ist. Der Vater bringt das Kind so zur Mutter zurück, das es um 18:00 Uhr dort ist. Am Muttertag ist das Kind bei der Mutter.

Am Geburtstag des Vaters ist das Kind beim Vater. Fällt der Geburtstag auf einen Wochentag, bringt die Mutter das Kind so zum Vater, dass es um 17:30 Uhr dort ist. Fällt dagegen der Geburtstag auf einen Samstag, Sonntag oder Feiertag, bringt die Mutter das Kind so zum Vater, dass es um 10:00 Uhr dort ist. Der Vater bringt das Kind so zur Mutter zurück, dass es um 18:00 Uhr dort ist. Am Geburtstag der Mutter ist das Kind bei der Mutter.

Zusätzlich verbringt das Kind die Hälfte der Oster-, Sommer-, Herbst- und Winterferien beim Vater. Die genauen Termine werden die Eltern jeweils am Jahresanfang festlegen, nach Möglichkeit soll das Kind jedoch jeweils die erste Ferienhälfte beim Vater verbringen. Flug- und Auslandsreisen des Vaters mit dem Kind bedürfen der Zustimmung der Mutter.

Die Parteien sind sich darüber einig, dass die letztgenannten Regelungen der Regelung am Anfang vorgehen. Ersatztermine werden deshalb nicht vereinbart.

**2. Verhinderung**

Ist das Kind an einem Umgangstermin verhindert, zum Beispiel wegen schwerer Erkrankung oder anderweitiger Termine, hat die Mutter den Vater unverzüglich zu informieren. Ist der Vater verhindert, hat er unverzüglich das Kind und die Mutter zu informieren. Der ausgefallene Termin ist – mit Ausnahme der Ferien – am darauffolgenden Wochenende nachzuholen (Ersatztermin). Fällt ein Ferientermin aus, ist er innerhalb der Ferien zu verschieben beziehungsweise in den nächsten Ferien nachzuholen. Die sonstigen Umgangsvereinbarungen bleiben von Ersatzterminen unberührt.

**3. Kontakte außerhalb des Umgangs**

Der Vater ist berechtigt, mit dem Kind im üblichen und angemessenen Umfang zu telefonieren und SMS zu schreiben. Hierzu erhält das Kind vom Vater ein Handy, der dessen laufende Kosten bezahlt.

**4. Sonstiges**

Die Mutter wird den Vater über alle wichtigen Angelegenheiten, die das Kind betreffen (zum Beispiel schwerere Erkrankungen, wichtige Arzttermine, Schulnoten), sowie über dessen Entwicklung unverzüglich informieren.

Können sich die Eltern über eine den Umgang betreffende Angelegenheit nicht einigen, verpflichten sie sich, vor der Inanspruchnahme des Familiengerichts zunächst die ____________ (Name der Einrichtung, in der die Vereinbarung geschlossen wurde) zu kontaktieren, um mit deren Hilfe eine Lösung zu finden.

____________ ____________

*(Ort, Datum)* *(Unterschrift Einrichtungsinhaber)*

____________ ____________

*(Unterschrift Mutter)* *(Unterschrift Vater)*

## 4. Das Umgangsrecht sonstiger Personen

§

Umgangsberechtigt sind neben den Eltern auch die Großeltern und Geschwister Ihres Kindes, sofern es dem Kindeswohl dient. Davon ist auszugehen, wenn bisher ein regelmäßiger Kontakt bestanden hat. Ebenso sind enge Bezugspersonen des Kindes umgangsberechtigt, wenn diese für das Kind tatsächliche Verantwortung tragen oder getragen haben (sozial-familiäre Beziehung). Das ist in der Regel der Fall, wenn die Bezugsperson längere Zeit mit dem Kind in häuslicher Gemeinschaft gelebt hat, § 1685 BGB. Solche Bezugspersonen sind oftmals der Stiefvater und der Lebenspartner eines Elternteils, und zwar auch nach der Auflösung der Beziehung mit dem Elternteil. Weitere Bezugspersonen sind der leibliche (aber nicht rechtliche) Vater sowie Onkel und Tanten, sofern eine sozial-familiäre Beziehung zum Kind besteht oder bestanden hat. Das Umgangsrecht dient in diesen Fällen aber nur dazu, bestehende Bindungen aufrechtzuerhalten. Ist der Kontakt abgerissen, besteht der Anspruch auf Umgang nicht mehr. Weitere Personen können grundsätzlich kein Umgangsrecht geltend machen, da sie sich nicht auf § 1685 BGB berufen können (keine analoge Anwendung).

**Weitere Personen**

Ausnahmsweise besteht für weitere Personen jedoch dann über § 1666 BGB ein Umgangsrecht, wenn gerade durch die Verweigerung des Umgangs mit dieser Person eine Kindeswohlgefährdung eintritt.

**Gegen den Elternwillen**

Umstritten ist, ob der Umgang auch gegen den Willen der Eltern durchgesetzt werden kann. Ist das Verhältnis der Kindesmutter zu den Großeltern zerrüttet, können diese jedenfalls keinen Umgang beanspruchen (OLG Karlsruhe, FamRZ 2008, S. 915). Sind die Eltern unterschiedlicher Meinung, ob eine Bezugsperson Umgang haben soll, müssen diese sich – notfalls unter Inanspruchnahme des Familiengerichts – einigen.

**Tipp**

Mischen sich Großeltern, Geschwistern oder Bezugspersonen ständig in Streitigkeiten zwischen den Eltern ein oder ergreifen für ein Elternteil fortdauernd Partei, dient der Umgang nicht dem Kindeswohl und kann daher ausgeschlossen werden.

**Elternrechte vorrangig**

Im Wesentlichen gelten für den Umgang von Großeltern, Geschwistern und Bezugspersonen mit dem Kind dieselben Regeln wie bei einem umgangsberechtigten Elternteil. Zu beachten ist aber, dass das Umgangsrecht eines Elternteils vorrangig gegenüber anderen Umgangsrechten ist. Anders als bei den Eltern kann bei Großeltern, Geschwistern und Bezugspersonen eine Umgangspflegschaft nur vom Familiengericht angeordnet werden, wenn nach § 1666 Abs. 1 BGB durch den verweigerten Umgang

- das körperliche, geistige oder seelische Wohl des Kindes oder sein Vermögen gefährdet wird und
- die Eltern nicht gewillt oder nicht in der Lage sind, diese Gefahr abzuwenden.

# Kapitel 3
# Kindesunterhalt

Das folgende Kapitel bezieht sich ausschließlich auf den Kindesunterhalt. Die ebenfalls im Falle der Trennung und Scheidung auftretende Problematik des Ehegattenunterhalts wird in diesem Buch nicht behandelt.

**Tipp**

## 1. Die Grundlagen zum Kindesunterhalt

**§**

Kinder haben gegen ihre Eltern grundsätzlich einen Unterhaltsanspruch. Dabei kommt es darauf an, ob das Kind minder- oder volljährig ist, bei den Eltern wohnt oder einen eigenen Hausstand hat. Ferner kommt es darauf an, ob das Kind in der Ausbildung ist oder nicht und ob es ein eigenes Einkommen oder keinen eigenen Verdienst hat.

**Betreuung und Versorgung**

Neben der tatsächlichen Erziehung und Pflege sind Sie und der andere Elternteil auch für die Versorgung Ihrer Kinder verantwortlich. Diese Versorgungspflicht begründet einen Unterhaltsanspruch des Kindes gegen Sie und den anderen Elternteil, um seinen Lebensbedarf zu decken. Zum Lebensbedarf gehören unter anderem die Kosten für Unterkunft, Verpflegung, einer angemessenen Ausbildung, Erziehung, Betreuung und Pflege.

**Unterhalt**

Dieser Anspruch des Kindes auf Unterhalt ist in § 1601 BGB gesetzlich festgelegt. Danach sind Verwandte in gerader Linie verpflichtet, einander Unterhalt zu gewähren. Verwandte in gerader Linie sind Personen, bei denen die eine von der anderen abstammt, wie etwa Kinder von ihren Eltern, oder umgekehrt.

**Gleichstellung**

Für Ihre Unterhaltspflicht spielt es keine Rolle, ob Sie bei der Geburt des Kindes mit dem anderen Elternteil verheiratet waren oder nicht. Seit der Kindschaftsreform zum 1. 7. 2008 gelten eheliche und nichteheliche Kinder rechtlich als gleichgestellt. Gleichgestellt ist auch das adoptierte Kind. Dies trifft darüber hinaus auch für das Kind zu, dessen Vater zwar nicht der biologische Erzeuger ist, aber von

Gesetzes wegen als Elternteil gilt. Solange diese »Scheinvaterschaft« jedoch nicht rechtskräftig durch Urteil festgestellt wurde, hat das Kind auch gegen den gesetzlichen Vater einen notfalls einklagbaren Unterhaltsanspruch.

**Trennung** Solange Sie und der andere Elternteil gemeinsam mit Ihren Kindern leben, wird der Bedarf des Kindes durch die Aufgabenverteilung zwischen Mutter und Vater in der Beziehung gedeckt. Das ändert sich aber, wenn sich die Eltern trennen und das Kind daher nur bei einem Elternteil lebt.

**Natural- und Barunterhalt** In diesem Fall erbringt der Elternteil, der das Kind betreut, seinen Anteil am Unterhalt durch die Betreuung und Versorgung des Kindes mit Nahrung, Unterkunft, Kleidung, Pflege usw., § 1606 Abs. 3 Satz 2 BGB (sogenannter Natural- oder Betreuungsunterhalt). Der Anteil des anderen Elternteils am Unterhalt wandelt sich. Das Kind hat nun einen Anspruch auf Zahlung der zu seinem Unterhalt notwendigen Geldmittel (sogenannter Barunterhalt). Der Barunterhalt ist regelmäßig vom anderen Elternteil durch Geldzahlungen zu leisten, und zwar monatlich im Voraus, § 1612 BGB. Für den nicht betreuenden Elternteil besteht daher grundsätzlich keine Möglichkeit mehr, seinen Unterhalt durch Sach- und/oder persönliche Leistungen zu erbringen.

**Beides ist gleichwertig** Sowohl der Betreuungs- als auch der Barunterhalt sind gleichwertig. Dies hat zur Folge, dass der betreuende Elternteil bis zur Volljährigkeit des Kindes keine Geldzahlungen für das Kind leisten muss, wenn es bei ihm lebt. Liegt jedoch eine Fremdunterbringung des minderjährigen Kindes vor, zum Beispiel in einem Heim oder bei Pflegeeltern, braucht kein Elternteil das Kind zu betreuen. Beide Elternteile schulden dem Kind dann Barunterhalt.

**Änderung bei Volljährigkeit** Wird Ihr Kind volljährig, ändern sich die Verhältnisse. Mit Erreichen des 18. Lebensjahres entfällt die Notwendigkeit, dass die Eltern oder ein Elternteil das Kind betreuen. Vielmehr ist das volljährige Kind wie ein Erwachsener zu behandeln. Damit entfällt auch die Möglichkeit, dass Sie oder

der andere Elternteil Unterhalt durch Betreuung erbringen können, sobald Ihr Kind das 18. Lebensjahr erreicht.

**Keine Bedürftigkeit**

Daneben besteht die Frage, ob das volljährige Kind noch unterhaltsbedürftig ist und Sie beziehungsweise der andere Elternteil Unterhalt zahlen müssen. Da jedoch jeder Erwachsene für sich selbst verantwortlich ist, besteht auch für das volljährige Kind grundsätzlich die Pflicht, seinen Lebensbedarf durch die Aufnahme einer Erwerbstätigkeit zu decken. Notfalls muss Ihr Kind auch etwaiges vorhandenes Vermögen für seinen Lebensbedarf einsetzen, sofern dies zumutbar ist.

**Ausnahme: Ausbildung**

Eine Ausnahme und damit eine Unterhaltsverpflichtung für Sie als Elternteil besteht nur dann, wenn sich das volljährige Kind noch in der Schul- oder Berufsausbildung befindet und nicht in der Lage ist, seinen Bedarf selbst zu decken.

**Gleichstellung**

Damit stehen volljährige, unverheiratete Kinder den minderjährigen Kindern grundsätzlich gleich, solange

- sie noch im Haushalt der Eltern oder eines Elternteils leben und
- sich in der allgemeinen Schulausbildung befinden sowie
- nicht älter als 21 Jahre sind.

Das minderjährige Kind wird also stets als unterhaltsberechtigt angesehen, während beim volljährigen Kind bestimmte Umstände hinzukommen müssen.

## 2. Die Unterhaltsvoraussetzungen

§

Jeder Unterhaltsanspruch, also auch der des Kindes, setzt voraus, dass der Berechtigte (Kind) bedürftig und der Verpflichtete (Elternteil) leistungsfähig ist.

### 2.1 Wie die Unterhaltsbedürftigkeit ermittelt wird

**Minderjährige sind bedürftig**

Nur derjenige ist unterhaltsberechtigt, der außerstande ist, sich selbst zu unterhalten, § 1602 BGB. Das trifft bei Kindern mangels Eigeneinkünften in der Regel zu, zumindest bis zur ihrer Volljährigkeit.

**Unterhaltshöhe**

Um zu prüfen, ob und in welcher Höhe das Kind als Anspruchsteller bedürftig ist, muss zunächst sein Bedarf, also die Höhe der zum Unterhalt notwendigen Geldmittel, ermittelt werden. Nach § 1610 BGB ist der »angemessene Unterhalt« zu zahlen. Der angemessene Barunterhalt umfasst dabei den gesamten Lebensbedarf des Kindes einschließlich der Kosten einer angemessenen Ausbildung und Erziehung, § 1602 Abs. 2 BGB.

**Tatsächliche Bedürftigkeit**

Erst wenn der Bedarf des Kindes feststeht, kann geprüft werden, ob in gleicher Höhe auch eine Bedürftigkeit besteht oder ob etwa Eigeneinkünfte des Kindes bedarfsmindernd zu berücksichtigen sind.

### 2.1.1 So sieht der Unterhaltsbedarf des minderjährigen Kindes aus

**§**

Der Lebensbedarf eines Kindes bestimmt sich nach seiner Lebensstellung, § 1610 BGB. Da das Kind im Allgemeinen bis zur Volljährigkeit keine eigene Lebensstellung begründet hat, ist bei der Bedarfsermittlung von der Lebensstellung der Eltern auszugehen. Entscheidend sind dabei die wirtschaftlichen und persönlichen Verhältnisse der Eltern und hierbei insbesondere des Elternteils, der das Kind nicht betreut, sondern den Barunterhalt zahlen muss. Ausgangspunkt für den Bedarf des Kindes ist daher das Einkommen und das Vermögen des Unterhaltspflichtigen (BGH, FamRZ 2006, 612). Zur Ermittlung seines Bedarfs steht dem Kind gegenüber dem Unterhaltspflichtigen ein Auskunftsrecht zu, § 1605 BGB. Der zum Barunterhalt verpflichtete Elternteil muss dem Kind daher – notfalls über das Gericht – Auskunft über sein Einkommen und Vermögen erteilen.

**Lebensstellung des Pflichtigen**

Solange das Kind bedürftig ist, nimmt es an der Lebensstellung des Unterhaltspflichtigen teil. Einkommenssteigerungen, finanzielle Vorteile durch Steuerklassenwechsel, aber auch Einkommensverluste durch unverschuldete Arbeitslosigkeit sind dabei mit zu berücksichtigen. Lediglich am Luxus des zum Barunterhalt Verpflichteten soll das Kind nicht teilhaben. Diese Anknüpfung an die Lebensstellung der Eltern endet erst, wenn das Kind eine eigene Lebensstellung erreicht hat, zum Beispiel mit Beendigung der Ausbildung.

Tipp

Es spielt unterhaltsrechtlich keine Rolle, ob die vom Kind später erreichte Lebensstellung geringer als die der Eltern ist, zum Beispiel weil das Kind Verkäuferin, der Vater aber ein hoher Beamter ist. Eine Verpflichtung zum Ausgleich der Lebensstellung in Form eines Aufstockungsunterhaltes besteht nicht.

### a) Der Mindestbedarf des Kindes ist gesetzlich festgelegt

§

Um das Existenzminimum des Kindes sicherzustellen, wurde zum 1. 1. 2008 der Mindestbedarf – zumindest für minderjährige – Kinder gesetzlich normiert. Nach § 1612 a Abs. 1 Satz 2 BGB richtet sich der Mindestunterhalt nach dem doppelten Freibetrag für das sächliche Existenzminimum des Kindes (Kinderfreibetrag) nach § 32 Abs. 6 Satz 1 EStG. Er soll den Mindestbedarf des Kindes bei einfacher Lebenshaltung gewährleisten und beträgt monatlich entsprechend dem Alter des Kindes

**Mindestbedarf**

- für die Zeit bis zur Vollendung des sechsten Lebensjahres (erste Altersstufe) 87 Prozent,
- für die Zeit vom siebten bis zur Vollendung des zwölften Lebensjahres (zweite Altersstufe) 100 Prozent und
- für die Zeit vom 13. Lebensjahr an (dritte Altersstufe) 117 Prozent.
  Im Einzelnen eines Zwölftels des doppelten Kinderfreibetrags.

In Zahlen bedeutet dies seit der Aktualisierung zum 1. 1. 2010 einen Mindestunterhalt für die

- erste Altersstufe in Höhe von 317 Euro,
- zweite Altersstufe in Höhe von 364 Euro,
- dritte Altersstufe in Höhe von 426 Euro.

Diese Beträge werden regelmäßig angepasst, sodass der Mindestbedarf beziehungsweise Mindestunterhalt sich fortlaufend am notwendigen Existenzminimum orientiert.

**Bundesweite Geltung**

Der Mindestbedarf des Kindes gilt bundesweit und unabhängig davon, ob es sich um ein eheliches oder nichteheliches oder um ein adoptiertes Kind handelt und ob die Eltern verheiratet, getrennt, geschieden oder in einer Lebenspartnerschaft leben.

§

Mit insgesamt drei Urteilen vom 9. 2. 2010 hat das Bundesverfassungsgericht entschieden, dass die derzeitigen Regelleistungen nach Hartz IV unter anderem wegen des pauschalen Abzuges für Kinder nicht verfassungsgemäß sind. Das Gericht hat dem Gesetzgeber daher eine Frist zur Neuregelung bis zum 31. 12. 2010 gesetzt (BVerfG, FamRZ 2010, S. 429). Es bleibt nun abzuwarten, ob in diesem Zusammenhang auch die Regelsätze für Kinder und damit die Höhe des Mindestunterhalts verändert werden.

### b) Höchst praxisrelevant: die Düsseldorfer Tabelle

Um den individuell angemessenen Unterhalt eines Kindes zu bestimmen, werden in der Praxis Unterhaltstabellen und Leitlinien der je Gerichtsbezirk zuständigen Oberlandesgerichte verwendet, allen voran die Tabelle des Oberlandesgerichts Düsseldorf (siehe im Anhang ab S. 129). Die Tabellen weisen pauschale Bedarfssätze aus, die nach dem Nettoeinkommen des Unterhaltspflichtigen und dem Alter des unterhaltsberechtigten Kindes gestaffelt sind. In der Regel werden die Tabellen alle zwei Jahre aktualisiert.

**Wichtige Orientierungshilfe**

Die Tabellen selbst haben keine Gesetzeskraft, sondern stellen nur eine Richtlinie dar. Trotzdem dienen sie in der Praxis zur Konkretisierung der Unterhaltspflicht und Vereinheitlichung der Rechtsprechung. Sie sind daher als Orientierungshilfe für die Familiengerichte bei den Amtsgerichten und alle Beteiligten gedacht. In jedem Fall muss aber das zuständige Familiengericht die Umstände des Einzelfalles beachten. Das kann zu einer Abweichung oder anderen Eingruppierung in der Tabelle führen.

**Tipp**

Im Anhang (siehe S. 139 f.) finden Sie eine Übersicht der Fundstellen im Internet für die jeweiligen Tabellen und Leitlinien der Oberlandesgerichte. Bei Zweifeln, welche Tabelle gilt, reicht in der Regel ein Anruf bei den örtlichen Justizbehörden, beim Anwaltsverein oder beim Jugendamt. Beachten Sie dabei aber, dass sich aufgrund der drei Entscheidungen des Bundesverfassungsgerichts zu der Verfassungswidrigkeit der derzeitigen Regelleistungen nach Hartz IV die Tabellen aller Voraussicht nach noch im Jahr 2010 ändern können. Hierüber wird sicherlich in den Medien informiert.

**Aktuelle Düsseldorfer Tabelle**

Im Folgenden wird die Düsseldorfer Tabelle näher erläutert. Der Einfachheit halber wird von der Düsseldorfer Tabelle, Stand 1. 1. 2010, ausgegangen, die grundsätzlich auch maßgeblich für die Tabellen der anderen Oberlandesgerichte ist. Lediglich die Anmerkungen und die erläuternden Leitlinien können je Gerichtsbezirk abweichen.

**Inhalt und Anmerkungen**

Die Düsseldorfer Tabelle ist in Einkommens- und Altersgruppen aufgeteilt (siehe S. 129) und wird ergänzt durch Anmerkungen und erläuternde Leitlinien. Sie weist zehn Einkommensgruppen des barunterhaltspflichtigen Elternteils von monatlich bis zu 1.500 Euro als Einkommensgruppe 1 und monatlich bis zu 5.100 Euro als höchste Einkommensgruppe (jeweils das durchschnittliche monatliche bereinigte Nettoeinkommen) aus. Zudem wird beim Alter des Kindes in vier Altersstufen unterschieden. Aus der Einkommensgruppe und der zutreffenden Altersstufe lassen sich die unterschiedlichen Unterhaltsbeträge ablesen. Hierbei handelt es sich um Festbeträge für die Dauer der jeweiligen Altersstufe. Von diesen Festbeträgen ist bei minderjährigen noch die Hälfte und bei volljährigen Kindern das gesamte Kindergeld in Abzug zu bringen. Der verbleibende Zahlbetrag ist vom unterhaltsverpflichteten Elternteil zu leisten. Zur Vereinfachung weist die Tabelle am Ende der Anmerkungen die jeweiligen um das Kindergeld bereinigten Zahlbeträge aus.

Die Tabellensätze sind auf den »normalen« Bedarf des Kindes ausgerichtet. Von dem jeweiligen Betrag sind die

**Grundbedürfnisse erfasst**

gesamten laufenden Aufwendungen für die Grundbedürfnisse des Kindes zu decken, wie Ernährung, Unterkunft, Kleidung usw. Hingegen sind die Kosten der Kranken- und Pflegeversicherung, sofern das Kind nicht bei einem Elternteil mitversichert ist, in den Tabellensätzen nicht enthalten. Besteht insoweit keine Familienversicherung, muss der Unterhaltspflichtige auch die Kosten für die Versicherung des Kindes übernehmen.

**!**

Anders als die früheren Tabellen geht die aktuelle Düsseldorfer Tabelle, Stand 1. 1. 2010, nicht mehr von einer Unterhaltspflicht gegenüber drei, sondern vielmehr nur noch gegenüber zwei Unterhaltsberechtigten aus. Bei einer geringeren oder höheren Anzahl von Unterhaltsberechtigten können daher Abschläge oder Zuschläge bei der Einstufung in die Einkommensgruppe angemessen sein. Ist zum Beispiel der zum Unterhalt verpflichtete Elternteil nur einem Einzelkind zum Unterhalt verpflichtet, ist von der nächsthöheren Einkommensgruppe auszugehen. Entscheidend ist aber der Einzelfall, sodass sich eine generelle schematische Anwendung verbietet.

### c) Mehrbedarf des Kindes: Wenn laufende Zusatzkosten entstehen

**Für den Lebensunterhalt**

Neben den Kosten für den allgemeinen Lebensbedarf des Kindes können zusätzliche laufende Kosten für den Lebensunterhalt entstehen, die nicht von den Tabellensätzen gedeckt sind, sogenannter Mehrbedarf.

**Regelmäßige Zusatzkosten**

Ein laufender Mehrbedarf entsteht zum Beispiel bei krankheitsbedingten Mehrkosten bei der Betreuung des Kindes, bei notwendigem Nachhilfeunterricht, bei einer notwendigen Unterbringung in einer Privatschule oder auch bei den Studiengebühren der Kinder. Voraussetzung ist in jedem Fall, dass es sich um regelmäßig anfallende erhöhte Kosten handelt, die kalkulierbar und vor allem sachlich begründet sind. Die Nachhilfekosten sind daher nur dann Mehrbedarf, wenn sie wegen zu schlechter Noten des Kindes notwendig sind.

Wrtschaftliche Zumutbarkeit

Besteht ein Mehrbedarf des Kindes, müssen die daraus entstehenden Kosten dem Unterhaltsverpflichteten auch wirtschaftlich zumutbar sein. Hierbei ist insbesondere zu beachten, dass grundsätzlich beide Elternteile, also auch der das Kind betreuende Elternteil, für den Mehrbedarf anteilig haften, § 1606 Abs. 3 Satz 1 BGB. Die Haftung besteht dabei aber nicht schematisch jeweils zur Hälfte, sondern richtet sich vielmehr nach der jeweiligen Leistungsfähigkeit des Einzelnen. Ist der betreuende Elternteil leistungsunfähig, kann er also nicht zum Mehrbedarf beitragen. Daher muss dann der Barunterhaltspflichtige bei Leistungsfähigkeit den Mehrbedarf alleine tragen.

§

Das bekannteste aktuelle Beispiel für einen Mehrbedarf sind die Kindergartenkosten. Mit Entscheidung vom 26. 11. 2008 hat der Bundesgerichtshof seine frühere Rechtsprechung aufgehoben und die Kosten des Kindergartenbesuchs als Mehrbedarf eingeordnet, der nicht in den normalen Tabellensätzen enthalten ist. Lediglich die in einer Kindereinrichtung anfallenden Verpflegungskosten seien bereits mit dem Tabellenunterhalt abgegolten. Von daher haften beide Elternteile entsprechend ihren Einkünften und unter Beachtung ihrer Leistungsfähigkeit anteilig für die verbleibenden Kosten des Kindergartenbesuchs (BGH, FamRZ 2009, S. 962).

### d) Sonderbedarf des Kindes: Wenn einmalige Zusatzkosten anfallen

Unvorhergesehener Bedarf

Fallen neben dem normalen Lebensbedarf des Kindes unregelmäßige außergewöhnliche hohe Kosten an, handelt es um einen Sonderbedarf. Dieser entsteht unvorhergesehen und ist als Ausnahme zu den laufenden Unterhaltsbedürfnissen des Kindes ebenfalls nicht in den Sätzen der Unterhaltstabellen enthalten. Der Sonderbedarf muss einmalig oder zumindest in einem zeitlich begrenzten Rahmen anfallen, wobei dessen Höhe zunächst unbestimmt bleiben kann.

Maßgeblich für die Einordnung als Sonderbedarf ist, dass die zusätzlichen Kosten unvorhersehbar und außergewöhnlich

**Wirtschaftliche Verhältnisse maßgeblich**

hoch sind. Waren diese Kosten zu erwarten, handelt es sich um keinen Sonderbedarf, vielmehr besteht in diesem Fall die Notwendigkeit, aus dem »normalen« Unterhalt Rücklagen für die zusätzlichen Kosten zu bilden. Gleiches gilt auch für geringe Kosten, die ebenfalls von den Tabellensätzen aufgebracht werden können. Welche Kosten letztlich »außergewöhnlich hoch« sind, ist nicht klar geregelt und hängt naturgemäß von den wirtschaftlichen Verhältnissen der Beteiligten ab. Bei besonders schlechten wirtschaftlichen Verhältnissen ist eher von einem Sonderbedarf auszugehen.

**Einzelfälle**

Aufgrund der Wertungsmöglichkeiten gibt es keine einheitliche Rechtsprechung zum Sonderbedarf. Die folgenden Beispiele dienen daher nur zur Orientierung und können nicht bei jedem Gerichtsbezirk und Einzelfall greifen. Als Sonderbedarf wurden angesehen:

- Erstausstattung des Säuglings,
- Kosten für eine kieferorthopädische Behandlung,
- Kosten für eine Klassenfahrt (je nach Gerichtsbezirk streitig),
- Krankheitskosten infolge eines Unfalls,
- Prozesskostenvorschuss.

Abgelehnt wurden hingegen:

- Kosten für ein Auslandsstudium,
- Kosten für die Einrichtung einer eigenen Wohnung,
- Kosten für den Führerschein,
- Mehrkosten für eine Brille.

**Schuldner sind beide Elternteile**

Wie beim Mehrbedarf schulden grundsätzlich beide Elternteile entsprechend ihrer Leistungsfähigkeit anteilig die Kosten für den Sonderbedarf, § 1606 Abs. 3 BGB. Reichen die Einkünfte der Eltern nicht aus, ist zu prüfen, ob ein Leistungsträger (zum Beispiel das Sozialamt) die Kosten übernimmt.

**Tipp**

Aufgrund der unterschiedlichen Rechtsprechung je nach Gerichtsbezirk sollten Sie im Einzelfall bei einem Fachanwalt für Familienrecht oder beim Jugendamt Rat einholen.

### 2.1.2 So hoch ist der Unterhaltsbedarf des volljährigen Kindes

Mit Erreichen der Volljährigkeit wird das Kind wie ein Erwachsener behandelt und ist daher grundsätzlich für seinen Lebensunterhalt selbst verantwortlich. Ihm ist zuzumuten, seinen Bedarf durch Aufnahme einer Erwerbstätigkeit sicherzustellen, sofern nicht körperliche oder psychische Erkrankungen entgegenstehen. Auch die Verwertung des eigenen Vermögens ist zumutbar. §

Eine Ausnahme hiervon betrifft den sogenannten privilegierten Volljährigen.

#### a) Der privilegierte Volljährige hat eine Sonderstellung

**Begriff**

Der privilegierte Volljährige nimmt eine Sonderstellung ein. Das sind

- unverheiratete, volljährige Kinder bis 21 Jahre,
- die sich noch in der allgemeinen Schulausbildung und
- im Haushalt eines Elternteils befinden.

Diese Kinder sind aufgrund ihrer Lebenssituation noch nicht in der Lage, für sich selbst zu sorgen, und werden bei der Unterhaltsfrage minderjährigen Kindern gleichgestellt.

**Privilegierung**

Privilegiert sind die Kinder aber nur, wenn tatsächlich alle Voraussetzungen erfüllt sind. Ist das Kind verheiratet, älter als 21 Jahre und lebt es in einer eigenen Wohnung beziehungsweise bei Dritten, wie zum Beispiel den Großeltern, wird es wie andere Volljährige behandelt und verliert die Privilegierung.

**Allgemeine Schulausbildung**

Das gilt ebenso, wenn das Kind sich nicht mehr in der allgemeinen Schulausbildung befindet. Ziel des Schulbesuches muss der Erwerb eines allgemeinen Schulabschlusses sein. Die Rechtsform der Schule ist dabei egal, solange eine kontrollierte Teilnahme am Unterricht gewährleistet ist. Das ist der Fall bei einer Ausbildung zum Abitur, zur Fachoberschulreife oder zur Fachhochschulreife durch eine höhere Handelsschule, nicht aber bei einem Praktikum oder einer berufsvorbereitenden Maßnahme.

**Beide Eltern schulden Barunterhalt**

Aufgrund der Sonderstellung des privilegierten Volljährigen ergibt sich sein Unterhaltsbedarf ab dem 18. Lebensjahr aus der vierten Altersstufe der Düsseldorfer Tabelle. Anders als der Minderjährige bedarf der Volljährige aber keiner Betreuung mehr, sodass mit Erreichen der Volljährigkeit beide Elternteile zum Barunterhalt verpflichtet sind. Dies gilt auch beim privilegierten Volljährigen, der noch bei einem Elternteil wohnt. Auch dieser Elternteil muss seinen Anteil am Barunterhalt erbringen, kann aber im Gegenzug vom volljährigen Kind einen Betrag für Kost, Logis usw. verlangen.

**Berechnung**

Da Sie und der andere Elternteil zum Barunterhalt verpflichtet sind, wird zur Bestimmung der Einkommensgruppe der Düsseldorfer Tabelle das durchschnittliche monatliche Nettoeinkommen von Ihnen und dem anderen Elternteil zusammengerechnet. Zum Einkommen zählen dabei auch Unterhaltszahlungen, die ein Elternteil für sich selbst erhält. Ausgehend von der vierten Altersstufe ergibt sich damit der Tabellenbedarf des volljährigen privilegierten Kindes.

**Auskunftsrecht**

Zur Ermittlung seines Unterhaltsanspruchs steht auch dem privilegierten Volljährigen ein – notfalls einklagbares – Auskunftsrecht gegenüber seinen Eltern zu, § 1605 BGB. Aber auch die Eltern haben gegeneinander einen Anspruch auf Auskunft, weil der jeweilige Elternteil seinen Unterhaltsanteil nur dann zutreffend berechnen kann, wenn er die Einkommens- und Vermögensverhältnisse des anderen Elternteils kennt. Dieser Anspruch ergibt sich aus § 242 BGB.

**!**

Lebt das volljährige privilegierte Kind nicht mehr bei Ihnen oder dem anderen Elternteil, sondern in einer eigenen Wohnung, gelten nicht mehr die Bedarfsätze der vierten Altersstufe der Düsseldorfer Tabelle. Vielmehr beträgt der angemessene Bedarf des Kindes ähnlich wie bei einem Studierenden unabhängig vom Einkommen der Eltern in der Regel monatlich 640 Euro. Hierin sind Unterkunftskosten inklusive umlagefähiger Betriebskosten und Heizung bis 270 Euro pro Monat enthalten (Anmerkung A.7. zur Düsseldorfer Tabelle, siehe S. 131).

**Kindergeld wird abgezogen**

Ist der Bedarf des Kindes ermittelt, muss das Kindergeld mindernd berücksichtigt werden. Mangels Betreuung durch die Eltern hat das volljährige Kind, ob privilegiert oder nicht, auch einen Anspruch auf Erhalt des Kindergeldes, sodass – anders als beim minderjährigen Kind – nicht nur der hälftige, sondern der gesamte Betrag vom Tabellensatz beziehungsweise vom Pauschalbetrag in Höhe von 640 Euro abgezogen wird. Der verbleibende Betrag stellt dann den Bedarf des volljährigen, privilegierten Kindes dar.

Fehlt es an der Privilegierung, steht dem volljährigen Kind nur unter bestimmten Voraussetzungen ein Unterhaltsanspruch gegen beide Eltern zu.

### b) So sieht der Bedarf während der Berufsausbildung aus

§

Wie bereits ausgeführt, hat das Kind gegen Sie und den anderen Elternteil einen Anspruch auf Versorgung, wozu auch eine angemessene Ausbildung gehört. Auch hier gilt der Grundsatz, dass das Kind diesen Unterhaltsanspruch so lange hat, bis es für sich selbst sorgen kann. Während der Berufsausbildung ist das in der Regel noch nicht der Fall, weil das Kind nur geringfügige Einkünfte erzielt. Auch hier ist der Bedarf abhängig davon, ob das Kind noch bei einem Elternteil lebt (dann ist die vierte Altersstufe der Düsseldorfer Tabelle anwendbar) oder einen eigenen Haushalt führt (dann ist der Pauschalbetrag in Höhe von 640 Euro maßgeblich).

!

Lebt das Kind noch bei Ihnen oder dem anderen Elternteil, hat es ebenfalls gegen Sie und den anderen Elternteil einen – notfalls einklagbaren – Auskunftsanspruch über Ihr Einkommen.

*aa) Ihr Kind hat Anspruch auf Ausbildungsunterhalt*

**Gegenseitige Pflichten**

Kinder haben gegen ihre Eltern einen Anspruch auf die Finanzierung einer angemessenen Vorbildung zu einem Beruf oder einer Ausbildung, die ihrer Begabung, ihren Fähigkeiten und ihrem Leistungswillen entspricht. Von daher sind Sie und der andere Elternteil verpflichtet, dem Kind eine angemessene Ausbildung zu ermöglichen. Im Gegenzug ist das Kind dazu verpflichtet, die Ausbildung verantwortlich und zielstrebig durchzuführen. Ein einmaliges Prüfungsversagen steht dem nicht entgegen und wird von der Rechtsprechung in der Regel noch toleriert.

**Tipp**

Damit Sie und der andere Elternteil sich von der Zielstrebigkeit überzeugen können, steht Ihnen gegenüber dem Kind ein Kontrollrecht zu. Sie können sich die Zeugnisse oder sonstige Leistungsnachweise vorzeigen lassen. Führt das Kind die Ausbildung nicht zielstrebig durch oder ist von einem »Bummelstudium« auszugehen, verliert es seinen Anspruch auf Ausbildungsunterhalt, wenn nicht gewichtige Gründe vorliegen.

**Orientierungsphase von drei Monaten**

Das gilt ebenso, wenn das Kind nach Abschluss der Ausbildung nicht zeitnah eine Erwerbstätigkeit aufnimmt, um seinen Lebensunterhalt selbst zu decken. Als Orientierungsphase wird dem Kind eine Zeit von rund drei Monaten gewährt. Hat es danach keine Erwerbstätigkeit aufgenommen, verliert es seinen Anspruch auf Unterhalt, wenn nicht gewichtige Gründe entgegenstehen. Auch hier ist aber immer der Einzelfall entscheidend, sodass die drei Monate nicht als starre Grenze anzusehen sind.

**!**

Solange das Kind jedoch seine Ausbildung verantwortlich und zielstrebig durchführt, besteht grundsätzlich ein Unterhaltsanspruch gegen Sie und den anderen Elternteil. Eine Verpflichtung des Kindes zur Aufnahme einer Neben- und/oder Erwerbstätigkeit besteht hingegen nicht. Dies gilt auch dann, wenn das Kind bereits volljährig ist.

### *bb) Wann Ihr Kind Anspruch auf eine Weiter- und Zweitausbildung hat*

**Begriff**

Möchte das Kind nach einer abgeschlossenen Ausbildung eine zweite, eventuell weiterführende Ausbildung anschließen, wird dies als Weiterbildung oder Zweitausbildung bezeichnet. Da Eltern ihrem Kind in der Regel nur eine angemessene Ausbildung schulden, stellt sich die Frage, ob für eine solche weitere Ausbildung noch ein Unterhaltsanspruch des Kindes besteht.

**Angemessenheit**

Die Weiterbildung kann dann angemessen sein, wenn das Kind sich nach der Berufsausbildung weiterqualifizieren möchte. Am häufigsten ist der Fall, dass das Kind nach dem Abitur zunächst eine Lehre macht und anschließend studieren möchte oder umgekehrt. Die Rechtsprechung billigt für eine solche Weiterbildung den Unterhaltsanspruch zu, wenn zwischen den beiden Ausbildungen ein enger sachlicher und zeitlicher Zusammenhang besteht. Dies trifft in folgenden Beispielsfällen zu:

**Einzelfälle**

- Banklehre und Betriebswirtschafts-/Jurastudium
- Bauzeichner und Architekturstudium
- Industriekaufmann und Betriebswirtschafts-/Jurastudium

Abgelehnt wurde ein Zusammenhang bei:

- Industriekaufmann und Medizinstudium
- Verkäufer und Psychologiestudium

**!**

Auch hier handelt es sich um Einzelfallentscheidungen, die nicht ohne Weiteres für jeden Gerichtsbezirk gelten. Maßgeblich ist in jedem Fall, dass zwischen den beiden Ausbildungen ein Zusammenhang bestehen muss, da die Eltern sonst nicht zur Finanzierung der Weiterbildung verpflichtet sind.

Das gilt grundsätzlich ebenso, wenn das Kind nach abgeschlossener Erstausbildung plötzlich seine Interessen ändert oder bei ihm neue Fähigkeiten oder Neigungen auftauchen, sodass es eine weitere Ausbildung (Zweitausbildung) anstrebt. Ein Anspruch gegen Sie und den anderen Elternteil auf Finanzierung dieser Zweitausbildung

**Ausnahmefälle** besteht in der Regel nicht. Nur in ganz begrenzten Ausnahmefällen besteht ein solcher Anspruch. Dies ist zum Beispiel der Fall, wenn das Kind

- aus gesundheitlichen Gründen den erlernten Beruf nicht mehr ausüben kann oder
- den Anforderungen des Berufs aus körperlichen oder geistigen Gründen nicht gewachsen ist oder
- den Erstberuf nur auf Drängen der Eltern gewählt oder erlernt hat.

**Mehr-/Sonderbedarf** Auch beim volljährigen unterhaltsberechtigten Kind kann ein Mehr- und/oder Sonderbedarf entstehen, der nicht in den Tabellensätzen beziehungsweise im Pauschalbetrag von 640 Euro enthalten ist. Dies gilt zum Beispiel für Studiengebühren, die dann anteilig von Ihnen und dem anderen Elternteil entsprechend Ihrer Leistungsfähigkeit zu übernehmen sind.

### 2.1.3 Bedürftigkeit: Unterscheiden Sie zwischen Minder- und Volljährigen

§ Steht der Bedarf des Kindes fest, ist seine eigentliche Bedürftigkeit zu ermitteln. Bedürftig ist nur derjenige, der außerstande ist, sich selbst zu unterhalten, § 1602 Abs. 1 BGB. Eigeneinkünfte und die Verpflichtung, sein Vermögen zum Lebensunterhalt einzusetzen, können den Bedarf decken und daher die Bedürftigkeit ganz oder teilweise entfallen lassen. Hierbei ist zwischen minderjährigen und volljährigen Kindern zu unterscheiden.

#### a) Minderjährige Kinder sind grundsätzlich bedürftig

**Keine eigenen Einkünfte** Da minderjährige Kinder in der Regel mangels Eigeneinkünften ihre Lebensstellung von den Eltern ableiten und noch keine Eigenverantwortlichkeit erlangt haben, ist grundsätzlich von ihrer Bedürftigkeit auszugehen.

**Anrechnung** Bezieht das minderjährige Kind aber Eigeneinkünfte, kann dies den Unterhaltsanspruch gegen die Eltern reduzieren oder sogar ganz entfallen lassen. Seit dem 1. 1. 2008 zählt zum Beispiel das Kindergeld zum Einkommen des

Kindes und wird mindernd berücksichtigt. Da das Kindergeld bei Minderjährigen an einen Elternteil ausbezahlt wird, erfolgt lediglich ein hälftiger Ausgleich derart, dass ein entsprechender Abzug beim Unterhaltsanspruch des Kindes vorgenommen wird.

Weitere Einkünfte sind zum Beispiel die Ausbildungsvergütung, BAföG-Leistungen, Rentenleistungen oder Kapitalerträge in Form von Zinsen aus Erspartem.

**Keine Anrechnung**

Nicht berücksichtigt werden bei einem Minderjährigen, der noch zur Schule geht, die Einnahmen aus Nebentätigkeiten, Taschengeld oder Ferienjobs, solange keine Regelmäßigkeit oder hohe Beträge entstehen. Auch braucht der Minderjährige nicht sein Vermögen oder eine Erbschaft zur Deckung seines Unterhaltes einzusetzen. Lediglich die Zinsen hieraus sind bei ihm bedarfsmindernd anzusetzen.

**Ausbildungsvergütung**

Erhält das Kind eine Ausbildungs- oder Lehrlingsvergütung, ist das durchschnittliche monatliche Nettogehalt bedarfsmindernd zu berücksichtigen. Dabei muss zuvor jedoch ein Betrag in Höhe von 90 Euro für den ausbildungsbedingten Mehrbedarf abgezogen werden, wenn das Kind sich noch im Haushalt eines Elternteils befindet (Anmerkung A.8. zur Düsseldorfer Tabelle, siehe S. 132). Andere Gerichtsbezirke als derjenige des Oberlandesgerichts Düsseldorf verzichten nach ihren Leitlinien auf eine Bezifferung und fordern einen konkreten Nachweis der Aufwendungen (wie zum Beispiel Fahrtkosten).

**Eigene Wohnung**

Falls das Kind über eine eigene Wohnung verfügt, sind auch im Gerichtsbezirk des Oberlandesgerichts Düsseldorf die Aufwendungen konkret nachzuweisen oder pauschal mit fünf Prozent des monatlichen Nettoeinkommens, mindestens mit 50 Euro und maximal mit 150 Euro in Abzug zu bringen (Anmerkung A.3. zur Düsseldorfer Tabelle, siehe S. 130).

Die Anrechnung der Eigeneinkünfte des Kindes deckt seinen Bedarf und verringert damit seine Bedürftigkeit und den Unterhaltsanspruch gegenüber seinen Eltern.

### b) Wann volljährige Kinder bedürftig sind

§

Da das volljährige Kind wie ein Erwachsener behandelt wird und grundsätzlich für sich selbst verantwortlich ist, besteht nur dann eine Bedürftigkeit und damit ein Unterhaltsanspruch gegen die Eltern, wenn das Kind nicht fähig ist, sich selbst zu unterhalten, § 1610 Abs. 1 BGB. Dies ist der Fall, solange es sich zum Beispiel noch in der allgemeinen Schulausbildung befindet oder berechtigterweise eine Berufsausbildung absolviert.

**Wie beim Minderjährigen**

Das privilegierte volljährige Kind, also das unverheiratete im Haushalt eines Elternteils lebende Kind, das sich noch in der allgemeinen Schulausbildung befindet und nicht älter als 21 Jahre ist, wird daher auch im Rahmen der Bedürftigkeitsprüfung wie ein minderjähriges Kind behandelt. Eigeneinkünfte, zum Beispiel durch kleinere Jobs wie etwa Nachhilfe oder Brötchenaustragen neben der Schule, werden nicht angerechnet. Insoweit gelten die Grundsätze, die beim minderjährigen Kind Anwendung finden. Lediglich das Kindergeld wird auch beim privilegierten volljährigen Kind nicht hälftig, sondern in voller Höhe mindernd berücksichtigt.

**Volljähriger muss mitwirken**

Anders verhält es sich mit dem volljährigen Kind, das die Voraussetzungen der Privilegierung nicht erfüllt. Es muss in zumutbarem Rahmen zur Deckung seines Unterhaltsbedarfs mitwirken. Für die Dauer der Berufsausbildung hat es zwar gegen seine Eltern einen Unterhaltsanspruch, muss aber im Gegenzug die Ausbildung zielstrebig betreiben sowie innerhalb einer angemessenen und üblichen Dauer beenden.

**Schonbetrag**

Volljährige Kinder müssen nicht nur die Erträge wie Sparzinsen, sondern auch ihr Vermögen selbst zur Deckung ihres Unterhaltsbedarfs einsetzen. Lediglich ein Schonbetrag von 2.000 bis 5.000 Euro, ein sogenannter Notgroschen, darf den volljährigen Kindern – je nach Rechtsprechung und Gerichtsbezirk – verbleiben. Der darüber hinausgehende Teil des Vermögens ist auf den zu erwartenden Zeitraum der Unterhaltsbedürftigkeit – zum

Beispiel den des Studiums – zu verteilen. In diesem Fall ist der Unterhaltsanspruch anteilig zu reduzieren oder entfällt sogar ganz.

**Erwerbsverpflichtung**

Nach Abschluss der Ausbildung ist das volljährige Kind spätestens nach Ablauf der zugebilligten Orientierungsphase von rund drei Monaten verpflichtet, eine Erwerbstätigkeit aufzunehmen und dadurch seinen Lebensbedarf zu decken. Berufsfremde oder unter seinem Ausbildungsniveau liegende Tätigkeiten sind ihm dabei zuzumuten. Ein Unterhaltsanspruch gegen die Eltern besteht nicht mehr, es sei denn, dass gewichtige Gründe für die Nichtaufnahme der Erwerbstätigkeit vorliegen, wie zum Beispiel bei starken gesundheitlichen Problemen.

**Eigenes Kind**

Kann das volljährige Kind aufgrund der Betreuung eines eigenen Kindes keiner Erwerbstätigkeit nachgehen, besteht grundsätzlich kein Unterhaltsanspruch gegen die Eltern, sondern vielmehr gegen den Vater des Kindes. Nur wenn dieser ausfällt, können die Eltern nachrangig zum Unterhalt herangezogen werden.

**Wehrpflicht**

Ein Unterhaltsanspruch entfällt auch für die Zeit der Wehrpflicht, während des sozialen Jahres oder des Zivildienstes. Hier wird der Bedarf des Kindes in der Regel durch die Leistungen des Staates oder der Institution in Form von Verpflegung, Unterkunft, Dienstkleidung, Sold usw. gedeckt, sodass keine Bedürftigkeit mehr besteht. Anders verhält es sich, wenn ein Teil des Bedarfs, zum Beispiel die Unterkunft, nicht gestellt wird. Dann kommt weiterhin ein Unterhaltsanspruch gegen die Eltern in Betracht, zum Beispiel bei fehlender Unterkunft in Höhe des Wohnbedarfs.

Nach Abschluss der Wehrzeit, des sozialen Jahres und des Zivildienstes lebt der Unterhaltsanspruch wieder auf. Denn es entsteht erneut eine Bedürftigkeit, wenn das Kind nicht in der Lage ist, seinen Bedarf selbst zu decken.

**Eigeneinkünfte**

Liegen beim volljährigen Kind Eigeneinkünfte vor, werden diese bei seinem Bedarf in Abzug gebracht. Der Bedarf des Kindes richtet sich zunächst danach, ob es noch bei einem Elternteil lebt oder einen eigenen Haushalt führt. Von dem Bedarfsbetrag werden dann das Kindergeld in voller Höhe und anschließend die Eigeneinkünfte nach Abzug von ausbildungsbedingtem Mehrbedarf abgezogen. Der verbleibende Betrag stellt dann die Bedürftigkeit des Kindes dar.

**Beide Elternteile haften**

Da beim volljährigen Kind mangels Betreuungsnotwendigkeit beide Elternteile zum Barunterhalt verpflichtet sind, haften diese für seinen verbleibenden Bedarf entsprechend ihrem Einkommen und ihrer Leistungsfähigkeit.

## 2.2 Hier ist Leistungsfähigkeit der Eltern gegeben

§

Neben der Bedürftigkeit des Kindes müssen die Eltern auch zur Leistung des begehrten Unterhalts fähig sein, sodass deren Leistungsfähigkeit zu prüfen ist. Sie und der andere Elternteil sind nur in dem Umfang zum Unterhalt verpflichtet, in dem sie auch leistungsfähig sind, § 1603 Abs. 1 BGB. Dies setzt voraus, dass Sie und der andere Elternteil unter Berücksichtigung Ihrer sonstigen Verpflichtungen und ohne Gefährdung Ihres eigenen angemessenen Bedarfs in der Lage sind, den Kindesunterhalt zu erbringen.

**Berechnung**

Ihre Leistungsfähigkeit errechnet sich aus den tatsächlichen und den möglichen Einkünften. Als Unterhaltspflichtiger müssen Sie und der andere Elternteil Ihre tatsächlichen Einkünfte bis zur Grenze Ihres angemessenen Bedarfs (sogenannter Selbstbehalt) einsetzen. Sofern dies nicht ausreicht, trifft die Eltern besonders beim Kindesunterhalt die Verpflichtung, ihre Arbeitskraft so effizient wie möglich einzusetzen und gegebenenfalls eine Nebentätigkeit aufzunehmen, um den Unterhalt des Kindes sicherzustellen.

**Abzüge**

Von den Einkünften sind zulässige Abzüge vorzunehmen, sodass schließlich unter Berücksichtigung des dem Unterhaltspflichtigen zu belassenden Selbstbehalts seine Leistungsfähigkeit ermittelt werden kann. Maßgeblich für die Leistungsfähigkeit des Unterhaltspflichtigen sind

- die Höhe der tatsächlichen und möglichen Einkünfte,
- zulässige Abzüge von den Einkünften und
- der Selbstbehalt zur Sicherstellung des eigenen Lebensbedarfs.

### 2.2.1 Das gehört zu den tatsächliche Einkünften

Zu den tatsächlichen Einkünften des Unterhaltspflichtigen zählen vor allem die Arbeitseinkünfte oder der Gewinn aus einer Selbstständigkeit oder eines Gewerbebetriebs. Es werden aber auch Einkünfte aus Schwarzarbeit, Spekulation oder Lohnersatzleistungen, wie zum Beispiel Arbeitslosengeld, berücksichtigt.

§

**Auskunftsanspruch**

Zur Ermittlung der Einkünfte steht dem Kind gegenüber dem zum Unterhalt verpflichteten Elternteil ein – notfalls einklagbarer – Anspruch auf Auskunft über die Einkommens- und Vermögensverhältnisse zu. Zur ordnungsgemäßen Auskunft gehört dabei auch die Überlassung entsprechender Belege, wie Verdienstabrechnungen, Steuerbescheide usw.

#### a) Arbeitseinkommen

**Umlegung auf zwölf Monate**

Das Einkommen eines Angestellten oder Arbeiters wird regelmäßig durch das durchschnittliche monatliche Nettoeinkommen nach den Bezügen des letzten vollen Kalenderjahres bestimmt. Jährlich wiederkehrende Sonderzahlungen, wie Weihnachts- und Urlaubsgeld, Gratifikationen, Prämien usw., werden anteilig auf alle zwölf Monate umgelegt. Das gilt ebenso für eine Steuererstattung in dem Jahr, in dem sie gewährt beziehungsweise ausgezahlt wird. Überstunden, Zuschläge, Schichtzulagen usw. werden ebenfalls mitberücksichtigt, sofern sie berufstypisch sind und das übliche Maß nicht überschreiten.

**Spesen und Reisekosten**

Auch Spesen und Reisekosten gelten als Einkommen. Ein Drittel der Aufwendungspauschalen werden von der Rechtsprechung als unterhaltsrechtliches Einkommen gewertet.

**Sachleistungen**

Gewährt der Arbeitgeber zusätzlich Sachleistungen, wie zum Beispiel freies Wohnen, die Nutzung eines Firmenwagens, Sonderrabatte usw., werden diese als geldwerter Vorteil bewertet und in die Berechnung miteinbezogen. Die einprozentige Versteuerung des Firmenwagens im Rahmen der Verdienstabrechnung steht dem nicht entgegen. Für die kostenfreie Nutzung des Firmenwagens in der Freizeit ist ein zusätzlicher geldwerter Vorteil anzusetzen, der je nach Typ des Fahrzeugs und des Gerichtsbezirks zwischen 100 und 500 Euro schwanken kann.

**Einmalige Leistungen**

Einmalige Leistungen, wie zum Beispiel eine Abfindung nach dem Ausscheiden aus dem Arbeitsverhältnis oder wegen einer Vorruhestandsregelung sowie Jubiläumszuwendungen gelten ebenfalls als Einkommen und werden auf einen angemessenen Zeitraum verteilt. Die Dauer des Zeitraums hängt vom Zweck der Leistung ab. So soll zum Beispiel eine Abfindung dazu dienen, die Einkünfte des Arbeitnehmers bis zur Aufnahme einer neuen Tätigkeit sicherzustellen, also die Nachteile durch den Bezug von Arbeitslosengeld auszugleichen.

**Durchschnitt ist maßgeblich**

Maßgeblich ist das durchschnittliche monatliche Nettoeinkommen des Unterhaltspflichtigen für die letzten zwölf Monate. Die Steuerbelastung und die sozialversicherungsrechtlichen Beiträge werden nach der für den Unterhaltszeitraum maßgebenden Steuerklasse ermittelt. Zu berücksichtigen ist hierbei aber, dass der Unterhaltspflichtige zum 1. 1. des auf die Trennung folgenden Kalenderjahres nach der Steuerklasse I veranlagt wird, was zu einer erhöhten Steuerbelastung führt. Haben Sie sich also am 12. 11. 2009 von Ihrem Ehepartner getrennt, werden Sie beide bereits ab dem 1. 1. 2010 nach der Steuerklasse I veranlagt.

### b) Einkünfte von Selbstständigen oder Gewerbetreibenden

**Gewinn**

Schwieriger ist die Einkommensermittlung bei Selbstständigen und Gewerbetreibenden oder bei Einkünften aus Land- und Forstwirtschaft. Maßgeblich ist hier der Gewinn nach Abzug von Steuern, Belastungen, Betriebsausgaben usw., der sich nur aus Gewinn- und Verlustrechnungen, betriebswirtschaftlichen Auswertungen, Bilanzen, Steuerbescheiden und Steuererklärungen ermitteln lässt. Durch Investitionen, Abschreibungen oder den Einsatz von Fahrzeugen und Immobilien kann der Gewinn erheblich reduziert werden. Eine Klärung des unterhaltsrechtlich relevanten Einkommens lässt sich daher oft nur unter Hinzuziehung eines Steuerberaters, Rechtsanwalts oder sogar Sachverständigen erreichen.

Da bei Selbstständigen und Gewerbetreibenden die Einnahmen erheblich schwanken, wird in der Praxis der Durchschnitt der Einkünfte in den letzten vergangenen drei Jahren zugrunde gelegt. **!**

### c) Sonstige Einkünfte

Weiterhin kommen folgende tatsächliche Einkommensarten in Betracht:

*aa) Sozialleistungen mit Lohnersatzfunktion*

**Hartz IV**

Dem Arbeitseinkommen gleichgestellt sind Lohnersatzleistungen wie Umschulungsgeld, Arbeitslosen- oder Krankengeld. Auch diese Leistungen zählen zum Einkommen. Anders verhält es sich mit Hartz-IV-Leistungen, die kein unterhaltsrechtliches Einkommen darstellen, da diese Leistungen nur der Deckung des eigenen Lebensbedarfs dienen.

*bb) Sozialleistungen ohne Lohnersatzfunktion*

Sozialleistungen ohne Lohnersatzfunktion wie zum Beispiel das Elterngeld sind als Einkommen zu betrachten.

**Eltern- und Pflegegeld**

Anders verhält es sich mit dem Pflegegeld, das der Pflegende auf Antrag erhält, § 37 Abs. 1 SGB XI. Als Einkommen ist es nur dann einzusetzen, wenn gegenüber einem minderjährigen Kind der Mindestbedarf aus den sonstigen Einkünften nicht aufgebracht werden kann. In diesem Fall hat der Pflegende auch das Pflegegeld für den Unterhaltsanspruch des Kindes einzusetzen. Ob und in welcher Höhe das Pflegegeld zuvor bereits für die Versorgung aufgebraucht wurde und nicht mehr zur Verfügung steht, muss im Einzelfall ermittelt werden.

*cc) Pensionen oder Renten*

**Mehraufwand** Renten und Pensionen gleich welcher Art gelten ebenfalls als Einkommen. Liegen konkrete Belastungen oder ein Mehraufwand vor, sind die Kosten jedoch zuvor in Abzug zu bringen. Hinzuverdienste eines Rentners bleiben anrechnungsfrei.

*dd) Miet- und Pachteinnahmen*

**Miete und Betriebskosten** Erzielt der Unterhaltspflichtige Miet- oder Pachteinnahmen, sind diese ebenfalls als Einkommen zu werten. Zuvor sind aber die Betriebskosten und notwendigen Aufwendungen für das Mietobjekt, wie zum Beispiel Kredit- und Finanzierungskosten oder notwendige Instandhaltungskosten, abzuziehen.

*ee) Wohnwertvorteil*

**Eigenheim** Lebt der Unterhaltspflichtige im Eigenheim, zahlt also hierfür keine Miete, ist dieser geldwerte Vorteil (sogenannter Wohnwertvorteil) einkommenserhöhend zu berücksichtigen. Grundsätzlich bemisst sich der Wohnwertvorteil nach der objektiven Miete für das Objekt.

**Sonderfall Trennung** Eine Ausnahme gilt für den Zeitraum zwischen Trennung der Ehegatten und der Zustellung des Scheidungsantrags. Während dieser Zeit geht die Praxis nur von einem geringeren Wohnwertvorteil aus. Mit Auszug eines Ehegatten aus der zuvor gemeinsam genutzten Immobilie wird dem verbleibenden Ehegatten der andere Teil »aufgedrängt«, sogenanntes totes Kapital. Da während der Trennungszeit die Möglichkeit der Versöhnung und der Wiederherstellung der ehelichen Lebensgemeinschaft besteht, hat der verbleibende Ehegatte nicht die Verpflichtung, die Immobilie zu verkaufen oder zu vermieten. Vielmehr wird ihm lediglich ein subjektiver Nutzungsvorteil als Wohnwertvorteil angerechnet. Dieser orientiert sich an dem Betrag, den der Ehegatte für die Anmietung einer kleineren, auf seinen Bedarf zugeschnittenen Wohnung aufbringen müsste. Als Erfahrungswert können hier ein Fünftel bis ein Drittel seines Einkommens angenommen werden. Entscheidend sind aber auch hier der Einzelfall und die Mietpreise auf dem örtlichen Wohnungsmarkt.

!

Mit Zustellung des Scheidungsantrags geht die Praxis aber davon aus, dass die Ehe gescheitert ist. Ab diesem Zeitpunkt ist daher die objektive, volle Miete als Wohnwertvorteil zu berücksichtigen.

**Abzugsfähige Kosten**

Von dem Wohnwertvorteil sind regelmäßig die Kredit- und Finanzierungsraten sowie die verbrauchsunabhängigen Lasten wie Grundsteuer, Gebäudeversicherungen und unter Umständen auch die notwendigen Instandhaltungskosten abzuziehen. Übersteigen die Lasten den Wohnwertvorteil, wird dies als negativer Wohnwertvorteil bezeichnet.

*ff) Einkommen aus Vermögen*

**Kapitalerträge**

Zinserträge aus Vermögen sind ebenso Einkommen wie Kapitalerträge und Ausschüttungen aus der Beteiligung an Gesellschaften. Der Unterhaltspflichtige ist gerade gegenüber minderjährigen Kindern gehalten, sein Vermögen bestmöglich anzulegen und bei sonst mangelnden Einkünften sogar sein Vermögen einzusetzen, um den Kindesunterhalt sicherzustellen, § 1603 BGB.

**Vermögensverwertung**

Eine Verwertung des Vermögens scheidet nur dann aus, wenn es für die Sicherung des eigenen angemessenen Unterhalts, wie zum Beispiel beim Wohnen im Eigenheim oder zur Sicherung der Altersvorsorge, notwendig ist. Zudem darf die Verwertung nicht unzumutbar sein. Das ist der Fall, wenn die Nachteile aus der kurzfristigen Verwertung höher liegen als die Vorteile.

!

Generell ist der Unterhaltspflichtige jedoch gehalten, sein Vermögen zur Steigerung seiner Einkünfte einzusetzen, also zum Beispiel eine Zweitwohnung zu vermieten oder notfalls zu verkaufen. Unterlässt er dies und ist ihm das vorzuwerfen, wird er unterhaltsrechtlich so behandelt, als ob er die Einkünfte wie Miete oder Verkaufserlös erhalten hat. Sein Einkommen wird dann fiktiv um diese Beträge erhöht.

*gg) Zuwendungen von Dritten*

**Nicht anrechenbar**

Erhält der Unterhaltspflichtige Zuwendungen von Dritten, wie zum Beispiel das freie Wohnen bei den Eltern oder Bargeld, gehören diese mangels rechtlicher Verpflichtung grundsätzlich nicht zu den anrechenbaren Einkünften. Vielmehr erfolgen solche Zuwendungen freiwillig und können jederzeit eingestellt werden.

**Anrechenbar**

Anders verhält es sich mit den Zuwendungen in einer (neuen) Partnerschaft des Unterhaltspflichtigen. Werden in dieser Partnerschaft Versorgungsleistungen, wie mietfreies Wohnen, Haushaltsführung, Urlaube usw., erbracht, sind diese nicht als unentgeltlich anzusehen. Ohne die Partnerschaft müsste der Unterhaltsverpflichtete für diese Leistungen fremde Hilfe beanspruchen und diese bezahlen. Daher werden insoweit monatliche fiktive Einkünfte in Höhe von 200 Euro bis zu 500 Euro angesetzt. Die genaue Höhe hängt vom Umfang der Leistungen und der Leistungsfähigkeit des Lebensgefährten ab.

### 2.2.2 Fiktive Einkünfte

**Gesteigerte Erwerbsobliegenheit**

Die Eltern sind ihren Kindern gegenüber verpflichtet, alle verfügbaren Mittel für den eigenen und den Unterhalt der Kinder einzusetzen, § 1603 Abs. 2 BGB. Diese gesteigerte Unterhaltspflicht besteht bei minderjährigen und den ihnen gleichgestellten volljährigen, privilegierten Kindern (siehe S. 79 ff.). Die daraus resultierende gesteigerte Erwerbsobliegenheit verlangt von den Eltern beziehungsweise dem barunterhaltspflichtigen Elternteil einen besonderen Einsatz der Arbeitskraft, einen Wohnsitzwechsel oder auch die Aufnahme einer anderen, höher bezahlten Tätigkeit sowie einer Nebentätigkeit.

#### a) Die gesteigerte Erwerbsobliegenheit ist begrenzt

**Zumutbarkeit**

Die gesteigerte Erwerbsobliegenheit wird jedoch durch die Verhältnismäßigkeit, die Zumutbarkeit und die Bestimmungen des Arbeitsschutzes, wie zum Beispiel die Einhaltung des Arbeitszeitgesetzes, begrenzt. Als zumutbar wird es etwa angesehen, wenn der in der Woche 40 Stunden tätige Erwerbstätige am freien Samstag eine Nebentätigkeit als Zeitungsaussteller aufnimmt, um den Mindestunterhalt für sein Kind sicherzustellen.

**Nicht mehr als 48 Stunden**

Eine (Neben-)Erwerbstätigkeit an Sonn- und Feiertagen ist hingegen nicht zumutbar. Das gilt ebenso für eine Überschreitung der werktäglichen Arbeitszeit von acht Stunden. Mehr als 48 Stunden pro Woche sind daher nicht zumutbar (BGH, FamRZ 2009, S. 314).

### b) Das gilt bei Arbeitslosigkeit und beruflichen Veränderungen

**20 bis 30 Bewerbungen monatlich**

Ist der Unterhaltspflichtige arbeitslos, muss er aufgrund seiner gesteigerten Unterhaltspflicht die bisherige Arbeitszeit zur Stellensuche verwenden. Die bloße Meldung bei der Agentur für Arbeit reicht nicht. Vielmehr ist dem Unterhaltspflichtigen zuzumuten, 20 bis 30 Bewerbungen im Monat zu schreiben und diese notfalls auch nachweisen zu können. Vom Unterhaltspflichtigen werden intensive und konkrete Eigenbemühungen erwartet, die auch einen Berufs- oder Wohnsitzwechsel notwendig machen, wenn die bisherigen Bemühungen langfristig erfolglos waren.

**Leichtfertiger Verlust der Arbeitsstelle**

Berufliche Veränderungen, wie Gehaltskürzung, Vorruhestand oder Kündigung des Arbeitsverhältnisses, sind nur dann bei der Einkommensermittlung des Unterhaltspflichtigen zu berücksichtigen, wenn ihm kein leichtfertiges und verantwortungsloses Handeln vorgeworfen werden kann. Dies ist dann der Fall, wenn er die Veränderung seiner Erwerbstätigkeit schuldhaft veranlasst oder nicht eingegriffen hat. So muss der Unterhaltspflichtige gegen eine unrechtmäßige Kündigung vorgehen und darf auch nicht ohne Weiteres an einer Aufhebung des Arbeitsverhältnisses mitwirken.

**Selbstständigkeit**

Wird ein Anstellungsverhältnis zugunsten einer Selbstständigkeit aufgegeben, kann dies unterhaltsrechtlich nur dann akzeptiert werden, wenn der Unterhaltspflichtige entsprechende Rücklagen für den Kindesunterhalt gebildet oder

Kredite aufgenommen hat, die die Unterhaltszahlungen für einen Zeitraum von ca. zwei Jahren sicherstellen.

#### c) Fiktive Anrechnung: Wenn der Verpflichtung nicht entsprochen wird

§

Kommt ein Elternteil seiner gesteigerten Unterhaltsverpflichtung nicht nach, zum Beispiel indem er gegen die Kündigung des Arbeitsverhältnisses nicht vorgeht, werden ihm fiktive Einkünfte in bisheriger Höhe angerechnet. Das gilt ebenso für eine geschuldete, aber nicht aufgenommene Nebentätigkeit oder wenn ein Anstellungsverhältnis zugunsten einer Haushaltstätigkeit in einer neuen Partnerschaft aufgegeben wird, obwohl der Partner weniger verdient.

### 2.2.3 Abzüge

**Grundzüge**

Stehen die (fiktiven) Einkünfte des Unterhaltspflichtigen fest, stellt sich die Frage, welche Abzüge vorzunehmen und welche davon berechtigt sind. Hierzu gibt es nahezu in jedem Gerichtsbezirk unterschiedliche Auffassungen, sodass im Folgenden lediglich die Grundzüge aufgezeigt werden.

Neben den Steuern und den Sozialabgaben kommen in Betracht:

- Vorsorgeaufwendungen,
- berufsbedingte Aufwendungen und
- Verbindlichkeiten.

**Vorsorgeaufwendungen**

Zu den Vorsorgeaufwendungen gehören die Beiträge zur Kranken- und Pflegeversicherung, einschließlich etwaiger Zusatzversicherungen, und die Vorsorgeaufwendungen für die private Altersvorsorge, sofern Letztere nicht allein der Kapitalbildung dient. Da keine Vermögensbildung zulasten des Kindesunterhalts erfolgen soll, wird der Beitrag für eine Altersvorsorge nur dann anerkannt und damit in Abzug gebracht, wenn eine Art »Riester-Rente« beabsichtigt ist. Die Rechtsprechung billigt hier dem Unterhaltsverpflichteten neben der gesetzlichen Altersvorsorge einen Beitrag von vier Prozent des Bruttoeinkommens zu.

Bei Selbstständigen mindern Abschreibungen und Belastungen nicht immer die Einkünfte. So dienen steuerrechtliche Abschreibungen in der Regel für den Verschleiß von Gegenständen des Anlagevermögens und können dem Unterhaltsberechtigten nur dann entgegengehalten werden, wenn sie mit einer tatsächlichen Reduzierung der für den Lebensbedarf zur Verfügung stehenden Geldmittel verbunden sind.

**Berufsbedingte Aufwendungen**

Die berufsbedingten Aufwendungen umfassen zum Beispiel die Kosten für Arbeitsmittel, Kleidung, Fachliteratur, Werkzeug und berufsbedingte Gegenstände, sofern sie nicht vom Arbeitgeber gestellt oder von diesem die Kosten übernommen werden. Das gilt auch für Beiträge zu Berufsverbänden, Beiträge für die Gewerkschaft sowie angemessene Fortbildungs- oder Umschulungskosten, sofern sie erforderlich oder nützlich sind.

**Fahrtkosten zur Arbeit**

Notwendige Fahrtkosten zur Arbeitsstelle oder für berufsbedingte Fahrten sind ebenfalls als berufsbedingte Aufwendungen abzuziehen, wenn keine Erstattung vom Arbeitgeber erfolgt und der Verweis auf öffentliche Verkehrsmittel nicht zumutbar ist. In der Praxis werden je nach Gerichtsbezirk Kilometerpauschalen (in der Regel 0,30 Euro) angewandt, die sämtliche Fahrzeugkosten inklusive Anschaffung umfassen.

**Beispiel**

S arbeitet im Schichtdienst und fährt jeden Tag mit seinem Fahrzeug zur Arbeit, die 15 km entfernt liegt.

An Fahrtkosten kann er unter Berücksichtigung von Sonn- und Feiertagen sowie Urlaubstagen ansetzen: 220 Arbeitstage x 30 km (Hin- und Rückfahrt) x 0,30 Euro : 12 Monate = 165 Euro pro Monat

Sind die Fahrtkosten außergewöhnlich hoch, ist unter Umständen dem Unterhaltspflichtigen ein Wechsel seines Wohnorts zur Arbeitsstätte zuzumuten.

**Pauschale** In einigen Gerichtsbezirken ist es möglich, für die berufsbedingten Aufwendungen einen pauschalen Abzug von fünf Prozent des Nettoeinkommens vorzunehmen, wobei ein Minimal- und ein Maximalbetrag genannt wird. Liegen die tatsächlichen Kosten höher, muss der Unterhaltspflichtige seinen Aufwand konkret darlegen und nachweisen.

Andere Gerichtsbezirke verzichten vollständig auf eine Pauschalierung und verlangen von vornherein eine konkrete Darlegung mit Nachweisen.

**Tipp** Die Besonderheiten des einschlägigen Gerichtsbezirks können Sie der für Sie gültigen Unterhaltstabelle einschließlich Leitlinien entnehmen. Im Anhang (siehe S. 139 f.) finden Sie eine Übersicht der Fundstellen im Internet für die jeweiligen Tabellen und Leitlinien der Oberlandesgerichte.

**Interessenabwägung** Die Abzugsfähigkeit von Verbindlichkeiten beziehungsweise Kreditraten hängt von einer umfassenden Interessenabwägung im Einzelfall ab. Zu berücksichtigen sind dabei:

- Zweck der Verbindlichkeit,
- Zeitpunkt und Anlass der Verbindlichkeit,
- Kenntnis des Unterhaltspflichtigen von der Unterhaltspflicht bei Eingehung der Verbindlichkeit,
- Möglichkeit der Umschuldung und Streckung der Verbindlichkeit.

**Schulden während des Zusammenlebens** Wurde die Verbindlichkeit bereits während des Zusammenlebens der Eltern aufgenommen, sind die Tilgungsraten im angemessenen Umfang zu berücksichtigen. Anders verhält es sich aber, wenn der Kredit nur zur Finanzierung einer Immobilie zur Vermögensbildung dient. Die Kreditrate wird nicht berücksichtigt, da nicht auf dem Rücken der Kinder eine Vermögensbildung betrieben werden soll.

Für weitere mögliche Abzugspositionen gilt Folgendes:

**Abzüge**

- Kreditkosten für die Anschaffung von Hausrat aufgrund der Trennung sind dann von den Einkünften abzuziehen, wenn diese Kosten und deren Notwendigkeit konkret dargelegt werden.

- Hausrat-, Haftpflicht- und Rechtsschutzversicherungsbeiträge gehören nicht zur Daseinsvorsorge, sondern zum allgemeinen Lebensbedarf. Ein Abzug ist daher nicht gerechtfertigt.
- Vermögenswirksame Leistungen können den Unterhaltsberechtigten nicht anspruchsmindernd entgegengehalten werden. Hier ist lediglich der Arbeitgeberanteil abzugsfähig.
- Kosten für die Ausübung des Umgangs mit dem Kind sind in der Regel nicht abzugsfähig. Dies gilt selbst in den Fällen, in denen sich das Kind zu einem Drittel der Zeit beim nicht betreuenden, umgangsberechtigten Elternteil aufhält.

### 2.2.4 Eigenbedarf (Selbstbehalt) des Unterhaltspflichtigen

§

Damit auch dem Unterhaltspflichtigen die Möglichkeit bleibt, seinen eigenen Lebensbedarf für Wohnen, Kleidung, Nahrung, Versicherungen, Hausrat, Sparverträge usw. zu decken, wird ihm ein sogenannter Selbstbehalt eingeräumt. Dieser Selbstbehalt steht dem Unterhaltspflichtigen generell zu. Sonst würde die Gefahr bestehen, dass der Unterhaltspflichtige bei Zahlung des Unterhalts selbst sozialhilfebedürftig würde.

Je nach Art des Anspruchs und der unterhaltsberechtigten Person ist zwischen verschiedenen Selbstbehalten zu unterscheiden, die im Folgenden dargestellt werden.

#### a) Notwendiger Selbstbehalt

**Gegenüber Minderjährigen**

Hierunter fällt der Selbstbehalt, der den Eltern gegenüber ihren minderjährigen und privilegierten volljährigen Kindern (siehe S. 79 ff.) als Existenzminimum verbleiben muss. Nach der Anmerkung A.5. zur Düsseldorfer Tabelle (siehe S. 130 f.) beträgt der notwendige Selbstbehalt für

- Erwerbstätige monatlich 900 Euro,
- Nichterwerbstätige monatlich 770 Euro.

**Warmmiete bis 360 Euro**

In dem notwendigen Selbstbehalt ist ein Anteil für die Miete einschließlich umlagefähiger Betriebskosten und Heizung (Warmmiete) in Höhe von 360 Euro monatlich enthalten. Sind die Kosten des Unterhaltspflichtigen tatsächlich höher, kann der Selbstbehalt angemessen erhöht werden, wenn keine Teilung der Kosten mit einem Mitbewohner oder ein Umzug in eine preiswertere Wohnung möglich oder unzumutbar ist.

**!** Sind die Mietkosten geringer als 360 Euro monatlich, ist der Selbstbehalt nicht entsprechend zu reduzieren (BGH, FamRZ 2006, S. 1664).

### b) Angemessener Selbstbehalt

**Gegenüber Volljährigen**

Der Selbstbehalt der Eltern gegenüber einem volljährigen Kind ohne Privilegierung wird entsprechend dem Grundsatz der Eigenverantwortlichkeit auf monatlich 1.100 Euro für Erwerbstätige und Nichterwerbstätige angehoben.

Der angemessene Selbstbehalt gegenüber der Mutter und dem Vater des nichtehelichen Kindes wird mit monatlich 1.000 Euro beziffert (Anmerkung D.II. der Düsseldorfer Tabelle, siehe S. 135).

**Warmmiete bis 450 Euro**

In dem angemessenen Selbstbehalt ist ein Mietanteil von 450 Euro monatlich berücksichtigt. Auch hier kann der Selbstbehalt angemessen erhöht werden, wenn die Kosten tatsächlich höher sind.

**Reduzierter Selbstbehalt**

In der Praxis wird der jeweilige Selbstbehalt reduziert, wenn der Unterhaltspflichtige mit einem neuen Partner zusammenlebt, der eigene Einkünfte hat, oder wenn der Pflichtige mietfrei wohnt. Je nach Einkünften des Partners beziehungsweise der Größe der mietfrei bewohnten Wohnung kommt eine Reduzierung von 200 bis 500 Euro in Betracht.

### c) Bedarfskontrollbetrag

Ausgewogene Verteilung

Der Bedarfskontrollbetrag ist ebenfalls in der Düsseldorfer Tabelle erwähnt. Er ist aber nicht identisch mit den Selbstbehalten oder dem Eigenbedarf. Vielmehr soll der Bedarfskontrollbetrag immer dann, wenn das Einkommen des Unterhaltspflichtigen höher liegt als die Einkommensgruppe 1, für eine ausgewogene Verteilung des Einkommens zwischen dem Pflichtigen und seinen unterhaltsberechtigten Kindern sorgen. Wird der Bedarfskontrollbetrag auch unter Berücksichtigung des Ehegattenunterhalts unterschritten, ist der Tabellenbetrag der nächstniedrigeren Gruppe, deren Bedarfskontrollbetrag nicht unterschritten wird, anzusetzen.

### 2.2.5 Ersatzhaftung

Anderer Elternteil

Ist der Unterhaltspflichtige leistungsunfähig, kann eine Ersatzhaftung nach § 1607 BGB in Betracht kommen. Danach haften der andere Elternteil oder möglicherweise die Großeltern des Kindes für den Unterhalt. Deren Leistungsfähigkeit ist in gleicher Weise zu ermitteln.

## 2.3 So wird der Unterhalt berechnet

§

Ist das Kind bedürftig und der zum Barunterhalt verpflichtete Elternteil leistungsfähig, kann der Unterhalt konkret berechnet werden. Da hierbei eine Menge von Einzelpositionen beachtet werden müssen, kann eine Eigenberechnung anhand der Unterhaltstabellen nur eine grobe Richtschnur geben.

Tipp

Das gilt ebenso für die im Internet angebotenen Unterhaltsberechnungen. Die konkrete Berechnung gerade in Streitfällen sollten Sie den Beratungsstellen beim Jugendamt oder einem Fachanwalt für Familienrecht überlassen.

Wahlrecht

Das Kind hat ein Wahlrecht, ob es den in der Tabelle ausgewiesenen statischen Festbetrag oder den ebenfalls erwähnten dynamischen Prozentsatz geltend macht. Letzteres hat den Vorteil, dass bei jeder Aktualisierung der Tabelle der Unterhalt automatisch angepasst wird. Demgegenüber muss beim Festbetrag jedes Mal eine (gerichtliche) Abänderung erfolgen.

### 2.3.1 Berechnung des Unterhalts für minderjährige Kinder

§

Bei der Berechnung des Unterhalts für ein minderjähriges Kind werden zuerst sämtliche Einkünfte des Unterhaltspflichtigen erfasst, addiert und auf Monatsbasis ungerechnet. Hiervon werden die berücksichtigungsfähigen Abzüge einschließlich der berufsbedingten Aufwendungen abgezogen.

**Bereinigtes Nettoeinkommen**

Der verbleibende Betrag bildet das bereinigte Nettoein kommen des Unterhaltspflichtigen. Anhand dieses Betrags erfolgt die Einstufung in eine Einkommensgruppe der Düsseldorfer Tabelle, wobei das Alter der Kinder mitzuberücksichtigen ist. Daraus ergibt sich der Tabellenunterhalt, bei dem je nach Anzahl der Unterhaltsberechtigten ein Zu- oder Abschlag erfolgt. Anschließend werden das hälftige Kindergeld und die anzurechnenden Eigeneinkünfte des Kindes abgezogen, um den Zahlbetrag zu erhalten.

**Bedarfskontrollbetrag**

Zur Überprüfung der Leistungsfähigkeit des Pflichtigen ist anschließend zu berechnen, ob sein notwendiger Selbstbehalt und der Bedarfskontrollbetrag gewahrt bleiben. Ist dies der Fall, wird der Zahlbetrag als Kindesunterhalt geschuldet. Ist dies jedoch nicht der Fall, ist bei einer Unterschreitung des Bedarfskontrollbetrags eine Abstufung der Einkommensgruppe vorzunehmen. Wird der Bedarfskontrollbetrag immer noch unterschritten, wird nur die Differenz zwischen dem Zahlbetrag und dem Selbstbehalt als Unterhalt geschuldet.

### 2.3.2 Berechnung beim privilegierten Volljährigen

**Sämtliche Einkünfte**

Da mit Erreichen der Volljährigkeit beide Elternteile Unterhalt schulden, werden hier sämtliche Einkünfte des Unterhaltspflichtigen und des anderen Elternteils jeweils gesondert erfasst, addiert und auf Monatsbasis umgerechnet. Hat ein Elternteil keine – auch keine fiktiven – Einkünfte, haftet der andere Elternteil allein entsprechend seiner Leistungsfähigkeit für den Unterhalt.

**Bereinigtes Nettoeinkommen**

Bei jedem Elternteil sind dann die berücksichtigungsfähigen Abzüge einschließlich der berufsbedingten Aufwendungen abzuziehen. Hieraus ergeben sich die bereinigten Nettoeinkommen beider Elternteile.

**Addition**

Diese bereinigten Einkommen sind zu addieren. Der sich ergebende Gesamtbetrag dient zur Einstufung in die Einkommensgruppen der Düsseldorfer Tabelle (siehe S. 129). Der Tabellenunterhalt des privilegierten Volljährigen wird der vierten Altersstufe der Tabelle entnommen. Je nach Anzahl der Unterhaltsberechtigten erfolgt ein Zu- oder Abschlag.

**Zahlbetrag**

Nunmehr werden das volle Kindergeld und die anzurechnenden Eigeneinkünfte des Kindes abgezogen, um letztlich den ungedeckten Bedarf, also den Zahlbetrag, zu erhalten. Zur Überprüfung der Leistungsfähigkeit des Pflichtigen ist anschließend auch hier zu prüfen, ob sein notwendiger Selbstbehalt und der Bedarfskontrollbetrag gewahrt bleiben.

Haben beide Elternteile Einkommen, berechnen sich die Haftungsanteile nach folgender Formel:

**Formel**

$$\frac{\text{Restbedarf des Kindes x Einsatzbetrag des Elternteils}}{\text{Summe der Einsatzbeträge beider Elternteile}}$$

Der Einsatzbetrag des Elternteils ergibt sich durch Abzug des notwendigen Selbstbehaltes vom jeweils ermittelten bereinigten Nettoeinkommen.

**Obergrenze**

Der Betrag, den jeder Elternteil schuldet, ist allerdings nach oben begrenzt. Der Haftungsanteil aufgrund des zusammengerechneten Nettoeinkommens darf nicht höher sein als der Tabellenbetrag nach Maßgabe des eigenen Einkommens. Daher haftet der einzelne Elternteil maximal in Höhe des Betrags, wofür er allein nach seinem Einkommen haften würde.

### 2.3.3 Berechnung beim sonstigen Volljährigen

Die Berechnung beim nicht privilegierten Volljährigen hängt zunächst davon ab, ob

- dieser noch bei einem Elternteil wohnt oder
- einen eigenen Hausstand hat.

**Wie beim Privilegierten** Wohnt das Kind noch bei den Eltern, ist wie beim privilegierten Volljährigen (siehe S. 79 ff.) vorzugehen. Dabei sind verstärkt Eigeneinkünfte und Vermögen des Kindes zu berücksichtigen.

**Eigener Hausstand** Hat das Kind einen eigenen Hausstand, ist nicht von der vierten Altersstufe auszugehen, sondern vielmehr der Pauschalbetrag in Höhe von 640 Euro zugrunde zu legen. Hiervon sind dann das volle Kindergeld und die anrechenbaren Eigeneinkünfte in Abzug zu bringen. Im Übrigen kann zur Leistungsfähigkeit und Ermittlung der Haftungsanteile der Eltern auf die Formel beim privilegierten Volljährigen verwiesen werden (siehe S. 79 ff.).

**!** Beachten Sie aber dabei, dass hier nicht der notwendige, sondern der erhöhte angemessene Selbstbehalt der Eltern zur Anwendung gelangt.

### 2.3.4 Rangfolge der Unterhaltsberechtigten

**Mehrere Berechtigte** Sind mehrere Unterhaltsberechtigte vorhanden und ist der Unterhaltspflichtige außerstande, allen Unterhalt zu gewähren, gibt § 1609 BGB eine Rangfolge vor.

**Zuerst Minderjährige** An erster Stelle stehen die minderjährigen und die privilegierten volljährigen Kinder. Erst wenn deren Unterhalt in voller Höhe bedient wurde, kommt die nächste Stufe zur Anwendung.

**Dann Ehegatten** An zweiter und dritter Stelle stehen die Ehegatten des Unterhaltspflichtigen mit verschiedenen Einschränkungen. Erst an vierter Stelle werden die anderen volljährigen Kinder erwähnt. Daher sind zuerst die minderjährigen und privilegierten Kinder, dann die Ehegatten und erst anschließend die übrigen volljährigen Kinder zu beachten. Reicht das zu verteilende Einkommen nur für die Kinder

der ersten Stufe, gehen die übrigen Unterhaltsberechtigten leer aus.

### 2.3.5 Mangelfall

**Zu wenig Einkommen**

Ist nicht genug Einkommen vorhanden, um den Bedarf des Unterhaltspflichtigen und der gleichrangigen Unterhaltsberechtigten abzudecken, liegt ein sogenannter Mangelfall vor. Hier wird zunächst der notwendige Eigenbedarf (Selbstbehalt) des Unterhaltspflichtigen vom Einkommen abgezogen. Die nach Abzug des Selbstbehalts verbleibende Verteilungsmasse wird auf die Unterhaltsberechtigten im Verhältnis ihrer jeweiligen Einsatzbeträge gleichmäßig verteilt. Der Einsatzbetrag für den Kindesunterhalt ist dabei der Zahlbetrag, also der nach Anrechnung des Kindergeldes oder von Einkünften auf den Unterhaltsbedarf verbleibende Restbedarf.

**Tipp**

Ein Rechenbeispiel zum Mangelfall finden Sie in Anmerkung C. der Düsseldorfer Tabelle im Anhang auf Seite 134 f.

## 2.4 Der Sonderfall: Unterhalt beim Wechselmodell

Wechseln sich die getrennten oder geschiedenen Elternteile in der Betreuung des minderjährigen Kindes ab (Wechselmodell), stellt sich die Frage, ob und welcher Elternteil Unterhalt zu zahlen hat. Hier ist wie folgt zu unterscheiden:

- Betreut ein Elternteil das Kind zu einem Drittel der Gesamtzeit (unechtes Wechselmodell), muss er trotzdem Unterhalt in voller Höhe zahlen.
- Betreuen beide Elternteile das Kind zu gleichen Teilen (echtes Wechselmodell), schulden sie dem Kind anteilig nach ihren Einkommens- und Vermögensverhältnissen Barunterhalt, § 1606 Abs. 3 BGB. Dabei gilt für beide Elternteile die gesteigerte Erwerbsobliegenheit nach § 1603 BGB. Demgegenüber hat das Kind wegen der wechselseitigen Betreuung einen erhöhten Bedarf. Verdient nun ein Elternteil mehr als der andere, ist eine

komplizierte Berechnung vorzunehmen, in die auch der erhöhte Selbstbehalt der Eltern und das Kindergeld mit einfließen (BGH, FamRZ 2007, S. 707).

**Tipp** Bei der komplizierten Berechnung sollten Sie unbedingt einen Fachanwalt für Familienrecht hinzuziehen.

**!** Ist einer der beiden Elternteile beim echten Wechselmodell nicht leistungsfähig, kommt die Ersatzhaftung nach § 1607 BGB in Betracht. Danach können andere Verwandte zu Unterhaltszahlungen herangezogen werden, zum Beispiel die Großeltern.

## 3. Festsetzung des Unterhalts

**Aufforderung nötig**

Mit der Trennung oder Scheidung der Eltern stellt sich die Frage, wie der Anspruch auf Kindesunterhalt geltend gemacht und festgesetzt werden kann. Hierbei ist zu beachten, dass der Unterhaltspflichtige zum Unterhalt aufgefordert werden muss. Erst ab diesem Zeitpunkt schuldet er Unterhalt. Wird die Aufforderung versäumt oder unzureichend formuliert, geht Zeit und Geld verloren.

**Tipp** Nehmen Sie frühzeitig die Beratungsangebote des Jugendamts oder eine anwaltliche Beratung in Anspruch.

### 3.1 So weit reicht das Beratungsangebot vom Jugendamt

**Kostenfreie Hilfe**

Bei minderjährigen und privilegierten volljährigen Kindern bietet das Jugendamt am Wohnsitz des Kindes kostenfreie Hilfestellung bei der Ermittlung und Durchsetzung des Kindesunterhalts. Alleinerziehende Eltern können sogar eine Beratung bei der Geltendmachung von Kindesunterhalt beanspruchen, § 18 Abs. 2 SGB VIII. Von diesem Beratungsangebot können auch volljährige Kinder bis zum 21. Lebensjahr Gebrauch machen, wenn sie Unterhalt von ihren Eltern fordern möchten.

**!** Wichtig ist aber, dass diese Beratung nur die außergerichtliche Unterstützung, nicht aber die gerichtliche Vertretung umfasst. Ein notwendiges Gerichtsverfahren muss daher vom Kind selbst durchgeführt werden. Ist das Kind minderjährig, wird es durch den betreuenden Elternteil gesetzlich vertreten.

**Ausnahme bei unverheirateten Eltern**

Eine Ausnahme besteht bei unverheirateten Eltern. Hier kann die Mutter des Kindes die Unterstützung des Jugendamts bei der Feststellung der Vaterschaft und der Geltendmachung von Unterhaltsansprüchen beanspruchen, § 52 a SGB VIII. Auf Antrag hat die Mutter die Möglichkeit, das Jugendamt um rechtlichen Beistand für das Kind zu bitten. Die kostenfreie Beistandschaft umfasst dabei auch die gerichtliche Geltendmachung von Kindesunterhalt, wenn der Vater nicht freiwillig zahlt. Da es sich nicht wie früher um eine Zwangsbeistandschaft handelt, kann diese auch jederzeit wieder von der Mutter widerrufen werden. Unerheblich für die Beistandschaft ist, ob ein gemeinsames Sorgerecht besteht oder der betreuende Elternteil alleine sorgeberechtigt ist.

## 3.2 Generell zu empfehlen: die einvernehmliche Regelung

**Schriftlich**

Liegt eine Einigung über den Kindesunterhalt vor, sollte diese allein schon zur Vermeidung von Missverständnissen und aus Beweisgründen schriftlich fixiert werden.

**!**

Wichtig ist hierbei, dass für die Zukunft nicht auf Kindesunterhalt verzichtet werden kann, § 1614 BGB. Möglich ist allenfalls eine Art Freistellungsvereinbarung zwischen den Eltern, wonach der eine Elternteil den anderen von der Zahlung von Kindesunterhalt freistellt. Eine derartige Vereinbarung ist aber im Hinblick auf eine mögliche Sittenwidrigkeit riskant und berührt den eigentlichen Unterhaltsanspruch des Kindes gegen seine Eltern nicht. Im Hinblick auf die Risiken sollte eine solche Vereinbarung nur mithilfe eines Notars oder Rechtsanwalts abgeschlossen werden.

**Anspruch auf Titel**

Generell hat das Kind einen Anspruch auf einen vollstreckbaren Titel über den Unterhalt. Dies gilt auch dann, wenn der Unterhaltspflichtige freiwillig den geschuldeten Unterhalt zahlt.

### 3.2.1 Unterhaltsvereinbarung

**Formfrei** Für die Einigung über den Kindesunterhalt ist keine besondere Form vorgeschrieben. Ausreichend ist daher eine einfache schriftliche Erklärung beziehungsweise Vereinbarung, versehen mit Datum und den Unterschriften beider Eltern oder des Unterhaltsverpflichteten.

Bei Volljährigkeit des Kindes muss es die Unterhaltsvereinbarung selbst unterzeichnen. Die Unterschrift des nicht zum Barunterhalt Verpflichteten entfällt.

**Tipp** Eine Unterhaltsvereinbarung ist nur sinnvoll, wenn beide Seiten über ihre Rechte und Pflichten ausreichend informiert sind und freiwillige Zahlungen zu erwarten sind. Weigert sich der Verpflichtete, den Unterhalt zu zahlen, kann aus dieser Vereinbarung nicht vollstreckt werden. Vielmehr muss dann ein möglicherweise langwieriges Gerichtsverfahren eingeleitet werden (siehe S. 110 ff.). Zur notariell beurkundeten Vereinbarung und Jugendamtsurkunde siehe unten (S. 109 f.).

Eine Unterhaltsvereinbarung kann wie folgt lauten:

**Vereinbarung zum Kindesunterhalt**

Der Vater, Herr _____________ *(Vor- und Nachname)*, wohnhaft _____________ *(Adresse)*, verpflichtet sich, an seine Tochter _____________ *(Vor- und Nachname)*, geboren am _____________ *(Datum)*, wohnhaft bei der Mutter _____________ (*Vor- und Nachname sowie Adresse)*, beginnend ab dem _____________ *(Datum)*, bis zum dritten Werktag eines jeden Monats im Voraus einen monatlichen Kindesunterhalt in Höhe von _____________ Euro, entsprechend der _____________ Einkommensgruppe und _____________ Altersstufe der Düsseldorfer Tabelle (Stand _____________ *(Datum))* zu zahlen. Das Kindergeld für das Kind wurde bereits berücksichtigt.

Grundlage für die Einstufung ist ein durchschnittliches monatliches Nettoeinkommen des Vaters in Höhe von _____________ Euro sowie berücksichtige Abzüge für

____________ *(Angabe der abzugsfähigen Sachverhalte)* in Höhe von ____________ Euro.

Bei Neufassung der Düsseldorfer Tabelle wird der Unterhaltsbetrag entsprechend der obigen Einkommensgruppe und des jeweiligen Alters des Kindes angepasst.

Die bis zum heutigen Datum aufgelaufenen Unterhaltsrückstände für den Zeitraum ab ____________ *(Datum)* in Höhe von insgesamt ____________ Euro gleicht der Vater in ____________ *(Anzahl)* monatlichen Raten zu je ____________ Euro, beginnend ab dem ____________ *(Datum)*, aus.

____________
*(Ort, Datum)*

____________ ____________
*(Unterschrift Mutter)* *(Unterschrift Vater)*

Bei volljährigen Kindern ist die Vereinbarung entsprechend anzupassen und vom Volljährigen selbst zu unterzeichnen. **!**

### 3.2.2 Notariell beurkundete Vereinbarung

**§** Das Problem der mangelnden Vollstreckbarkeit einer einvernehmlichen Vereinbarung zum Kindesunterhalt kann dadurch behoben werden, dass die Vereinbarung von einem Notar beurkundet wird. Der Notar wird die Vereinbarung auf ihre Zulässigkeit prüfen und eine entsprechende Vollstreckungsklausel hinzufügen. Sollte der Unterhaltsverpflichtete anschließend nicht oder nur eingeschränkt zahlen, kann aus dieser Urkunde ohne Weiteres vollstreckt werden.

**Nur Schreibgebühr**

Die Beurkundung für den Kindesunterhalt ist grundsätzlich kostenfrei, § 55 KostO. Es entsteht lediglich eine Schreibgebühr von ungefähr 20 Euro.

### 3.2.3 Jugendamtsurkunde

**Beste und billigste Lösung**

Die beste und kostengünstigste Lösung ist bei einer einvernehmlichen Regelung des Kindesunterhalts die Beurkundung durch das Jugendamt nach § 59 SGB VIII (sogenannte Jugendamtsurkunde). Das Amt berät nicht nur in Unterhaltsfragen, sondern beurkundet sogar auch kostenfrei die Unterhaltsansprüche des minderjährigen und privilegierten volljährigen Kindes bis zur Vollendung des 21. Lebensjahres einschließlich einer entsprechenden Vollstreckungserklärung. Das gilt ebenso für die Unterhaltsansprüche des nichtehelichen Kindes. Die Beurkundung erfolgt in der Weise, dass der Unterhaltspflichtige gegenüber dem Jugendamt ein Anerkenntnis der Unterhaltspflicht abgibt und das Kind beziehungsweise der gesetzliche Vertreter das Original erhält, aus dem notfalls die Vollstreckung gegen den Pflichtigen betrieben werden kann.

## 3.3 Gerichtliche Inanspruchnahme: Hier gibt es zwei Möglichkeiten

§

Einigt man sich nicht über den Kindesunterhalt, muss zur Durchsetzung der Ansprüche gerichtliche Hilfe in Anspruch genommen werden. Hier bieten sich zwei Wege an.

### 3.3.1 Vereinfachtes Verfahren

**Beschluss des Rechtspflegers**

Liegt noch kein Titel über den Kindesunterhalt in Form eines Gerichtsurteils, eines gerichtlich geschlossenen Vergleichs, einer notariellen Urkunde oder einer Jugendamtsurkunde vor, kann der Kindesunterhalt bis zu einer bestimmten Höhe in einem vereinfachten Verfahren vom zuständigen Amtsgericht festgesetzt werden. Die Festsetzung erfolgt durch Beschluss des Rechtspflegers.

**Vorteile**

Das vereinfachte Verfahren hat zum einen den Vorteil, dass der Unterhalt wesentlich unkomplizierter und schneller als bei einem üblichen Gerichtsverfahren festgelegt wird. Zum anderen kann Kindesunterhalt verlangt werden, ohne die Leistungsfähigkeit des zum Unterhalt Verpflichteten darlegen zu müssen. Schließlich erfolgt bei einer prozentualen Bezifferung eine automatische Anpassung des Unterhalts an künftig geltende neue Tabellen.

**Tipp**

Die amtlichen Vordrucke, die Sie für dieses Verfahren verwenden müssen, erhalten Sie beim Amtsgericht. Auf der dortigen Rechtsantragsstelle erhalten Sie auch Hilfe, um das Formular auszufüllen und die in § 250 FamFG genannten Angaben zu machen.

**Voraussetzungen**

Möglich ist das vereinfachte Verfahren nur dann, wenn kein Titel vorliegt und auch kein Gerichtsverfahren über den Kindesunterhalt eingeleitet wurde oder bei Gericht anhängig ist, § 249 FamFG.

**Bis zu 120 Prozent des Mindesunterhalts**

Im vereinfachten Verfahren können bis zu 120 Prozent des Mindestunterhalts für ein Kind verlangt werden. Das bedeutet in aktuellen Zahlen, dass hier maximal folgende Unterhaltsbeträge festgesetzt werden können:

| 1. Altersstufe | 2. Altersstufe | 3. Altersstufe |
|---|---|---|
| 381 Euro | 437 Euro | 512 Euro |

Von diesen Beträgen ist jeweils noch das hälftige Kindergeld abzuziehen.

**Ein-Monats-Frist**

Der Inanspruchgenommene muss innerhalb eines Monats nach Zustellung des Antrags entweder den Anspruch anerkennen oder seine Einwendungen vorbringen und entsprechend belegen, § 251 FamFG.

Die Einwendungen sind nur eingeschränkt zulässig, wie zum Beispiel:

- zur Zulässigkeit des vereinfachten Verfahrens,
- zum Zeitpunkt, ab dem Unterhalt geltend gemacht wird,
- zur Höhe des Unterhalts,
- zur bereits erfolgten Tilgung von geltend gemachten Rückständen,
- zur mangelnden Leistungsfähigkeit.

**Auskunftserteilung** Beruft sich der Unterhaltspflichtige auf mangelnde Leistungsfähigkeit, hat er zugleich eine Auskunft über sein Einkommen und Vermögen durch Vorlage von Belegen zu erteilen. Dafür muss er den mitübersandten Vordruck ausfüllen, die Belege beifügen und an das Gericht zurückschicken.

**Tipp** Zudem muss sich der Verpflichtete grundsätzlich dazu erklären, inwieweit er zur Unterhaltszahlung bereit ist und dass er sich zur Erfüllung des Unterhaltsanspruchs verpflichtet. Daher empfiehlt es sich für den Unterhaltspflichtigen, hierzu rechtzeitig anwaltlichen Rat einzuholen.

**Beschluss** Gibt es keine nennenswerten Einwendungen oder werden diese nicht in der gesetzlich zulässigen Weise vorgebracht, setzt der Rechtspfleger den Kindesunterhalt durch Beschluss fest. Gegen diesen Beschluss kann der Unterhaltspflichtige Rechtsmittel einlegen. Darauf wird im Festsetzungsbeschluss gesondert hingewiesen.

Liegen hingegen begründete Einwendungen vor oder werden Rechtsmittel gegen den Beschluss eingelegt, kommt es regelmäßig zum »normalen« Gerichtsverfahren.

**Tipp** Das vereinfachte Verfahren ist nur sinnvoll, wenn es um Kindesunterhalt bis zur 120-Prozent-Regelung geht und grundsätzlich keine Einwendungen von der Gegenseite erwartet werden. Sonst sollte direkt der Klageweg beziehungsweise der Antragsweg bei Gericht gewählt werden.

### 3.3.2 Familiengerichtliches Verfahren

**Antrag** Zahlt ein Elternteil keinen Kindesunterhalt und besteht auch kein oder nur ein unzureichend vollstreckbarer Titel über den Unterhalt, kann der Unterhaltsberechtigte seinen Unterhaltsanspruch auch beim Familiengericht einklagen beziehungsweise beantragen.

### a) Das ist seit dem 1. 9. 2009 neu

**Verfahrensrecht**

Seit Inkrafttreten des Gesetz über das Verfahren in Familiensachen und in den Angelegenheiten der freiwilligen Gerichtsbarkeit gilt für alle nach dem 1. 9. 2009 neu eingeleiteten Verfahren ein neues Verfahrensrecht. Dies umfasst auch die Unterhaltsverfahren. Aus der bisherigen Klage wird ein Antrag, der – wie bisher auch – beim zuständigen Familien(amts)gericht zu stellen ist. Die Entscheidung über den Unterhalt ergeht nicht mehr durch Urteil, sondern durch Beschluss, der mit der Beschwerde und nicht mehr durch eine Berufung angegriffen werden kann.

### b) Die Kosten für das Gerichtsverfahren

**Verfahrenskostenhilfe**

Können die Anwalts- und Gerichtskosten für einen Antrag auf Unterhalt nicht aus eigenen Mitteln beziehungsweise Einkünften aufgebracht werden, besteht die Möglichkeit, zugleich bei Gericht einen Antrag auf Bewilligung von Verfahrenskostenhilfe und Beiordnung eines Anwalts zu stellen. Wird der Antrag bewilligt, übernimmt der Staat die Gerichtskosten und die Kosten des eigenen Anwalts. Nicht übernommen werden jedoch die Kosten der Gegenseite, also die gegnerischen Anwaltskosten, sofern das Gerichtsverfahren vollständig oder überwiegend verloren wird.

**Prozesskostenvorschuss**

Verfügt der Unterhaltspflichtige hingegen über ausreichend Einkünfte, kommt – vor der Verfahrenskostenhilfe – zunächst die Geltendmachung von Prozesskostenvorschuss in Betracht. Solange das Kind noch keine eigene Lebensstellung hat, besteht gegenüber den Eltern nicht nur ein Anspruch auf Unterhalt für den »normalen« Lebensbedarf, sondern auch ein Anspruch auf Übernahme der Prozesskosten für ein Unterhaltsverfahren. Das Kind kann in entsprechender Anwendung von § 1360 a Abs. 4 BGB einen Vorschuss für das Unterhaltsverfahren verlangen. Dieser Anspruch besteht aber nur, wenn dies der Billigkeit entspricht. Das bedeutet, dass das Kind die Prozesskosten nicht selbst aufbringen kann und der Pflichtige unter Wahrung seines Selbstbehalts sowie des laufenden Unterhalts hinreichend leistungsfähig ist.

### c) Danach richtet sich die Zuständigkeit des Gerichts

**Gewöhnlicher Aufenthalt**

Zuständig für den Unterhaltsantrag ist nach § 232 FamFG das Familiengericht, in dessen Bezirk das minderjährige oder privilegierte volljährige Kind (siehe S. 79 ff.) seinen gewöhnlichen Aufenthalt im Inland hat. Ist bereits eine Ehesache, wie zum Beispiel die Scheidung der Eltern, bei einem Gericht anhängig, ist dieses Gericht ausschließlich zuständig. Das gilt ebenso, wenn während des laufenden Unterhaltsverfahrens die Scheidung bei einem anderen Gericht eingereicht wird. In diesem Fall ist die Sache von Amts wegen an das Scheidungsgericht abzugeben, § 233 FamFG.

**Sonstige Zuständigkeit**

Bei den nicht privilegierten volljährigen Kindern ist das Gericht zuständig, in dessen Bezirk der Antragsgegner wohnt. Sollen beide barunterhaltspflichtigen Elternteile in Anspruch genommen werden und leben diese in verschiedenen Gerichtsbezirken, kann das Kind von den beiden Bezirken einen auswählen und dort den Antrag gegen beide Elternteile einreichen, § 232 Abs. 3 BGB.

### d) Vertretung des Kindes: Wer die Ansprüche geltend machen kann

Antragsberechtigt ist grundsätzlich das Kind selbst.

*aa) Vertretung durch die Eltern*

§

Ist das Kind noch minderjährig, wird es vor Gericht durch seine sorgeberechtigten Eltern vertreten. Dagegen wird das Kind nur von einem Elternteil vor Gericht vertreten, wenn

- der Elternteil die elterliche Sorge allein ausübt oder
- ihm vom Gericht die Entscheidung zur Beantragung von Kindesunterhalt nach § 1628 BGB übertragen wurde, § 1629 Abs. 1 Satz 3 BGB.

Im Falle der gemeinsamen elterlichen Sorge vertritt der Elternteil das Kind vor Gericht, in dessen Obhut es sich befindet, § 1629 Abs. 2 Satz 2 BGB. Dabei spielt es keine Rolle, ob das Kind ehelich ist oder nicht. Obhut bedeutet die tatsächliche Fürsorge für das Kind, also die Befriedigung der elementaren Bedürfnisse des Kindes durch Pflege, Betreuung, Verpflegung, Wohnen usw. Von daher wird das minderjährige Kind durch den Elternteil vor Gericht vertreten, der das Kind entsprechend betreut. Insoweit reicht ein nur geringer Betreuungsvorsprung eines Elternteils aus (BGH, FamRZ 2007, S. 707).

**Wechselmodell**

Unklar ist die Rechtslage, wenn sich das Kind abwechselnd und in gleichem Umfang in der Obhut des einen und dann des anderen Elternteils befindet (sogenanntes Wechselmodell, siehe S. 52 ff.). Ist hier keine Einigung möglich, kann notfalls das Familiengericht einem Elternteil die Befugnis übertragen, Unterhalt gegen den anderen Elternteil geltend zu machen, § 1628 BGB, oder einen Unterhaltspfleger für diese Aufgabe bestellen, § 1666 BGB.

*bb) Beistandschaft*

**Jugendamt**

Wird das minderjährige Kind mit Zustimmung des sorgeberechtigten Elternteils durch das Jugendamt als Beistand vertreten, kann nur das Amt das Kind vor Gericht vertreten. Die Vertretung durch den sorgeberechtigten Elternteil ist dann ausgeschlossen, § 234 FamFG.

*cc) Verfahrensstandschaft*

**Verheiratete Eltern**

Aus dem Umstand, dass das minderjährige Kind durch einen Elternteil vor Gericht vertreten wird, ergibt sich noch nicht, ob der Kindesunterhalt nach Trennung der Eltern im Namen des Kindes oder im eigenen Namen des vertretenden Elternteils geltend zu machen ist.

Bis zur Rechtskraft der Scheidung geht der Gesetzgeber von einer Verfahrensstandschaft des vertretenden Elternteils aus, sodass der Kindesunterhalt im Namen des Elternteils zu beantragen ist. Erst ab Rechtskraft der Scheidung kann das Kind selbst, vertreten durch den Elternteil, den Unterhalt bei Gericht beantragen, § 1629 Abs. 3 BGB.

**Unverheiratete Eltern**

Die Vorschrift des § 1629 Abs. 3 BGB bezieht sich nur auf verheiratete Eltern. Unverheiratete oder bereits geschiedene Eltern sind zur Verfahrensführung im eigenen

Namen nicht befugt. Vielmehr muss das Kind selbst, vertreten durch den sorgeberechtigten beziehungsweise betreuenden Elternteil, den Unterhalt bei Gericht beantragen. Kommt es während des Gerichtsverfahrens auf Unterhalt zum Obhutswechsel oder zur Änderung des Sorgerechts, erlischt die Verfahrensstandschaft bereits vor Rechtskraft der Scheidung. Das laufende Verfahren wird unzulässig und sollte für erledigt erklärt werden.

**Ende der Verfahrensstandschaft**

Die Verfahrensstandschaft endet in jedem Fall mit der Volljährigkeit des Kindes, auch beim privilegierten volljährigen Kind. Das volljährige Kind hat nun das Recht, selbst als Beteiligter in das Unterhaltsverfahren einzutreten oder gegen eine ergangene Entscheidung ein Rechtsmittel einzulegen.

*dd) Beim Unterhalt herrscht Anwaltszwang*

**!**

Nach § 114 Abs. 1 FamFG müssen sich die Beteiligten in selbstständigen Familienstreitsachen, wie dem Unterhaltsverfahren, anwaltlich vertreten lassen. Dieser Anwaltszwang besteht nicht bei einer Beistandschaft durch das Jugendamt, in Verfahren über die Verfahrenskostenhilfe und beim einstweiligen Rechtsschutz.

*ee) Das gilt beim Bezug von staatlichen Leistungen*

**Gesetzlicher Forderungsübergang**

Bezieht das Kind selbst oder über den betreuenden Elternteil staatliche Leistungen, wie Unterhaltsvorschussleistungen oder Sozialhilfe, geht für diesen Zeitraum sein Unterhaltsanspruch gegen den unterhaltspflichtigen Elternteil auf den Staat über. Voraussetzung dafür ist, dass der Pflichtige eine Rechtswahrungsanzeige erhält. So hat der Staat die Möglichkeit, die gewährten Leistungen vom Unterhaltspflichtigen einzufordern. Für den Zeitraum der Leistungsgewährung ist daher das Kind und der sorgeberechtigte Elternteil mangels Anspruch gehindert, den Unterhaltsanspruch gerichtlich geltend zu machen. Vielmehr kann der Staat einen entsprechenden Antrag bei Gericht stellen.

Künftige Ansprüche des Kindes werden hingegen von dem Anspruchsübergang nicht berührt und können selbst eingeklagt beziehungsweise beantragt werden.

## e) Wie die Ansprüche geltend gemacht werden können

*aa) Auskunftsantrag*

Um den Unterhaltsanspruch des Kindes ermitteln zu können, bedarf es der genauen Kenntnis über das Einkommen und Vermögen des Unterhaltspflichtigen. Ist dieser nicht bereit, darüber Auskunft zu erteilen, kann zunächst bei Gericht ein Antrag auf Erteilung der Auskunft gestellt werden. Der Anspruch auf Auskunft ergibt sich aus § 1605 BGB sowie aus dem Grundsatz von Treu und Glauben, § 242 BGB.

§

**Stufenantrag**

Um ein weiteres Gerichtsverfahren zu ersparen, hat sich in der Vergangenheit eine Kombination von Auskunfts- und anschließendem Zahlungsantrag bewährt (sogenannter Stufenantrag). Mit diesem Antrag kann das Kind neben dem Auskunftsverlangen zugleich den Antrag stellen, den Verpflichteten zu Unterhaltszahlungen zu verurteilen, deren Höhe erst nach der Auskunftserteilung beziffert wird. Die genaue Höhe der Unterhaltsforderung bleibt also zunächst offen und wird erst im Laufe des gerichtlichen Verfahrens nach erteilter Auskunft spezifiziert. Das hat den Vorteil, dass sowohl der Auskunfts- als auch der Zahlungsantrag auf Unterhalt zugleich bei Gericht rechtshängig gemacht werden können.

!

Wichtig ist die genaue Formulierung des Auskunftsantrags, da nur ein bestimmter Antrag vollstreckbar ist. Von daher muss der Antrag enthalten,

- den Zeitraum, für den Auskunft erteilt werden soll,
- welche Belege und Nachweise vorzulegen sind und
- auf welchen Stichtag die Aufstellung des Vermögens erfolgen soll.

**Nachteil** Nachteil dieses Stufenantrags ist die oft damit verbundene zeitliche Verzögerung des Verfahrens. Um dem entgegenzuwirken, hat der Gesetzgeber mit Einführung des § 235 FamFG eine Vereinfachung eingeführt. Kommt der Unterhaltspflichtige seiner Auskunftspflicht außergerichtlich trotz Aufforderung nicht nach, kann das Gericht nach § 235 Abs. 2 FamFG auf Antrag anordnen, dass die Beteiligten Auskunft erteilen müssen. Andernfalls kann das Gericht selbst beim Arbeitgeber, Finanzamt usw. Auskünfte einholen, § 236 FamFG.

**Inhalt** Inhalt des Auskunftsanspruchs sind die gesamten Einnahmen sowie alle damit zusammenhängenden Ausgaben und alle sonstigen unterhaltsrelevanten Umstände, wie zum Beispiel mietfreies Wohnen, Firmenwagen, Vermögen oder eine verfestigte neue Lebenspartnerschaft.

**Gegen beide Elternteile** Der Auskunftsanspruch des volljährigen Kindes richtet sich gegen beide Elternteile, da grundsätzlich beide zum Barunterhalt verpflichtet sind. Will hingegen ein Elternteil einen bestehenden Unterhaltstitel eines volljährigen Kindes abändern, hat er einen Auskunftsanspruch gegen den anderen Elternteil, da er sonst seinen Haftungsanteil nicht ermitteln kann. Dieser Anspruch ergibt sich aus dem Grundsatz von Treu und Glauben, § 242 BGB.

**Tipp** Bei Zweifeln an der Richtigkeit der Auskunft kann eine eidesstattliche Versicherung von demjenigen verlangt werden, der die Auskunft erteilt.

**!** Eine neue Auskunft kann nur alle zwei Jahre verlangt werden, es sei denn, es bestehen besondere Umstände, die eine vorherige neue Auskunft rechtfertigen, § 1605 Abs. 2 BGB.

*bb) Zahlungsantrag*

**Dynamisierung besser** Steht der zu fordernde Unterhaltsbetrag fest, kann direkt ein Zahlungsantrag gestellt werden. Hier hat der Unterhaltsberechtigte die Wahl zwischen dem in der Unterhaltstabelle ausgewiesenen Festbetrag oder dem prozentualen Satz der jeweils in Betracht kommenden Altersstufe. Letzteres, die sogenannte Dynamisierung, hat den Vorteil, dass bei jeder Aktualisierung der Tabelle eine automatische Anpassung erfolgt. Andernfalls muss der feste Unterhaltsbetrag jedes Mal mittels Abänderungsantrag bei Gericht angepasst werden, was zu unnötigen Verfahren und Kosten führt.

**Antrag** Im Antrag auf Unterhalt müssen alle notwendigen Angaben enthalten sein, um den geltend gemachten Betrag oder Prozentsatz ermitteln zu können. Hierzu gehören

- die Verwandtschaftsverhältnisse,
- die Einkünfte beider Seiten,
- der Zeitpunkt, in dem zum Unterhalt aufgefordert wurde,
- ob und welche Zahlungen auf die Unterhaltsforderung geleistet wurden und
- die Angabe von Besonderheiten.

**Mindestunterhalt** Wird lediglich der Mindestunterhalt geltend gemacht, kann auf Ausführungen zu den Einkünften der Gegenseite verzichtet werden. Der Unterhaltspflichtige muss dann darlegen und beweisen, dass er nicht in der Lage ist, den gesetzlichen Mindestunterhalt aufzubringen.

**Volljähriger** Macht ein volljähriges Kind Unterhalt gegen einen Elternteil geltend, muss es bereits im Antrag die Einnahmen des anderen Elternteils angeben, da sonst eine Ermittlung des Haftungsanteils nicht möglich ist.

**Verfahren** Nach Eingang des Antrags leitet das Gericht die Unterlagen der Gegenseite zur Stellungnahme zu. Diese hat innerhalb der vom Gericht gesetzten Frist die Möglichkeit, den Anspruch auf Unterhalt (teilweise) anzuerkennen oder abzulehnen und eine Erwiderung zum Antrag zu geben.

**Beschluss** Kommt es im anschließenden Erörterungstermin vor Gericht zu keiner Einigung, wird schließlich eine Entscheidung in Form eines Beschlusses verkündet. Der Unterlegene kann gegen diesen Beschluss beim erlassenen Gericht das Rechtsmittel der Beschwerde einlegen. Das Amtsgericht prüft die Beschwerde auf die erforderlichen Formalien und legt sie dem Beschwerdegericht, dem Oberlandesgericht, zur Entscheidung vor.

*cc) Einstweiliger Rechtsschutz*

**Gegenstand** Gegenstand des Eilverfahrens kann zum Beispiel der laufende Unterhalt ohne Begrenzung in der Höhe und Zeit oder ein Prozesskostenvorschuss des Kindes sein.

**Kein Anwaltszwang** Ist Eile geboten, kann auch ein Antrag auf Erlass einer einstweiligen Anordnung gestellt werden, §§ 246 ff., 49 ff. FamFG. Hierfür besteht kein Anwaltszwang, sodass das Kind selbst beziehungsweise sein Vertreter, gegebenenfalls über die Rechtsantragsstelle des zuständigen Gerichts, einen solchen Antrag stellen kann.

Anders als nach früherem Recht bedarf der Antrag auf Erlass einer einstweiligen Anordnung zum Unterhalt eines Kindes nicht mehr der vorherigen oder gleichzeitigen Einleitung eines Hauptsacheverfahrens. Vielmehr ist der Eilantrag ein selbstständiges Verfahren mit eigenem Aktenzeichen.

Nur auf Antrag des Antragsgegners hat das Gericht dem Antragsteller unter Fristsetzung aufzugeben, einen Antrag zur Hauptsache zu stellen, § 52 Abs. 2 FamFG.

**Regelungsbedürfnis** Für die begehrte Leistungsverfügung, also die einstweilige Anordnung, ist nur ein Regelungsbedürfnis, nicht aber ein dringendes Bedürfnis notwendig. Hieran fehlt es, wenn es »nur« um Unterhaltsrückstände geht oder wenn freiwillig Unterhalt gezahlt wird.

**Begründung** Der Antrag auf Erlass der einstweiligen Anordnung ist zu begründen. Zugleich sind die Voraussetzungen für die Anordnung glaubhaft zu machen. Dies betrifft auch den zugrunde liegenden Sachverhalt, den Bedarf, die Bedürftigkeit und die Leistungsfähigkeit. Zur Glaubhaftmachung kommen nur Urkunden, Belege und eine eidesstattliche Versicherung des Antragstellers über die Richtigkeit seiner Angaben in Betracht. Der Verweis auf Zeugen oder die Bezugnahme auf andere Verfahren reicht grundsätzlich nicht aus.

**Mündliche Verhandlung** Die Entscheidung des Gerichts soll erst nach mündlicher Verhandlung und Anhörung der Beteiligten ergehen, § 246 Abs. 2 FamFG. Hierzu sollen im Termin offene Fragen erörtert und eine Vergleichsregelung angestrebt werden. Eine Ausnahme hiervon besteht bei einfach gelagerten Fällen oder bei besonderer Eilbedürftigkeit. Hier kann das Gericht auch ohne mündliche Verhandlung entscheiden, wenn zum Beispiel lediglich der Mindestunterhalt verlangt wird.

**Beschluss und Vollstreckungstitel**

Die Entscheidung des Gerichts ergeht als Beschluss. Dieser erwächst zwar nicht in Rechtskraft, schafft aber einen Titel, aus dem vollstreckt werden kann. Will der unterlegene Elternteil sich gegen die Entscheidung wehren, kann er einen Antrag auf Einleitung des Hauptsacheverfahrens stellen oder die Aufhebung oder Änderung der Entscheidung nach § 54 FamFG beantragen. Im Hauptsacheverfahren wird dann endgültig geklärt, ob und in welcher Höhe Unterhaltsansprüche bestehen.

Sonst ist die einstweilige Anordnung in Sachen Kindesunterhalt unanfechtbar. Die Möglichkeit der Beschwerde besteht daher nicht.

## 4. Die Vollstreckung oder Abänderung von Unterhaltstiteln

**Über das Gericht**

Zahlt der Unterhaltspflichtige trotz Titel nicht oder nicht vollständig, kann die Vollstreckung in sein Einkommen und Vermögen eingeleitet werden. Auch dies muss über das Gericht beziehungsweise den Gerichtsvollzieher geschehen und setzt einen vollstreckbaren Titel voraus.

**Tipp**

Sollten Sie nicht anwaltlich vertreten sein, können Sie sich an die Rechtsantragshilfe bei Gericht wenden.

**Abänderung**

Ist der Unterhalt ermittelt und in einem Titel festgelegt, bedeutet dies nicht, dass keine Änderung der Beträge mehr möglich ist. Die Festlegung des Unterhalts basiert auf den aktuellen Gegebenheiten. Zukünftige Änderungen sind nicht oder nur unzureichend berücksichtigt. Umstände, wie unverschuldete Arbeitslosigkeit, Erhöhung des Einkommens, Geburt eines weiteren Kindes oder Eintritt der Volljährigkeit des berechtigten Kindes geben Anlass für eine Abänderung des Titels. Kommt es zu keiner einvernehmlichen Regelung, können rechtskräftige Titel nur durch das Gericht aufgehoben oder abgeändert werden.

**Abänderungsfähige Titel**

Abgeändert werden können gerichtliche Beschlüsse, frühere Urteile, Vergleiche, (Jugendamts-)Urkunden und notarielle Beurkundungen von Vereinbarungen. Abänderungsberechtigt sind sowohl der Unterhaltsberechtigte als auch der Verpflichtete.

Je nach Art des abzuändernden Titels kommen unterschiedliche Grundsätze zur Anwendung.

### 4.1 Abänderung gerichtlicher Entscheidungen: Wenn sich die Umstände nachträglich geändert haben

§

Gerichtliche Entscheidungen können nach § 238 FamFG abgeändert werden. Voraussetzung für eine Abänderung ist, dass sich die für den Titel maßgeblichen Verhältnisse nachträglich wesentlich verändert haben. Das ist gegeben, wenn zum Beispiel

**Einzelfälle**

- der Verpflichtete eine Gehaltserhöhung erhält,
- sich sein Einkommen aufgrund von Erkrankung oder unverschuldeter Arbeitslosigkeit reduziert,
- der Unterhaltsberechtigte anrechenbare Einkünfte erzielt,
- das Kind eine höhere Altersstufe erreicht,
- ein weiteres unterhaltsberechtigtes Kind geboren wird oder
- das Kind volljährig wird und beide Elternteile barunterhaltspflichtig werden.

**Voraussetzung**

Die Abänderung setzt voraus, dass sich die wirtschaftlichen und tatsächlichen Verhältnisse für den bisher festgelegten Unterhalt so verändert haben, dass sich der zu zahlende Unterhalt grundsätzlich um mindestens zehn Prozent verringert oder erhöht und die Änderung nachträglich eingetreten ist. Lag die Änderung bereits bei Festlegung des Unterhalts vor, scheidet eine Abänderung aus.

Die Abänderung ist zeitlich begrenzt, § 238 Abs. 3 FamFG. Eine rückwirkende Abänderung kommt nur unter bestimmten Voraussetzungen in Betracht und ist bei einer begehrten Herabsetzung des Titels auf maximal ein Jahr beschränkt.

**Darlegungs- und Beweislast**

Derjenige, der die Abänderung des Unterhaltstitels begehrt, ist für die Darlegung der ändernden Tatsachen und Umstände sowie für die dazugehörigen Belege verantwortlich.

**Tipp**

Mit Abänderung des Titels sollte zugleich die Einstellung der Zwangsvollstreckung aus dem Titel beantragt werden, um für die Dauer des Verfahrens keine böse Überraschung zu erleben.

### 4.2 Abänderung anderer Entscheidungen

**Keine Einschränkung**

Vergleiche zum Kindesunterhalt, Jugendamtsurkunden oder andere vollstreckbare Urkunden zum Kindesunterhalt können nach § 239 FamFG abgeändert werden. Anders als bei den gerichtlichen Entscheidungen gibt es hierbei aber weder die Wesentlichkeitsgrenze von zehn Prozent noch eine zeitliche Begrenzung.

Der Antrag ist zulässig, wenn der Antragsteller Tatsachen vorträgt und belegt, die eine Abänderung rechtfertigen.

## 5. Unterhaltsvorschuss

**Überbrückung**

Sind die wirtschaftlichen Verhältnisse eng und eine schnelle gerichtliche Entscheidung nicht zu erwarten, bietet sich zur Überbrückung die Inanspruchnahme von staatlichen Leistungen wie Hartz IV und vor allem Unterhaltsvorschuss an.

**Unterhaltsvorschuss für maximal 72 Monate**

Der Unterhaltsvorschuss dient dem Zweck, allein erziehenden Elternteilen, vor allem allein erziehenden Müttern, eine finanzielle Absicherung zu bieten, bis die Unterhaltsfrage geklärt ist. Für den Fall, dass Unterhalt nicht zu realisieren ist, soll zumindest für einen Zeitraum von maximal 72 Monaten der Grundbedarf des Kindes sichergestellt werden.

## 5.1 Wer Anspruch auf Unterhaltsvorschuss hat

§

Anspruch auf Unterhaltsvorschuss oder Unterhaltsausfallleistungen haben nach dem Unterhaltsvorschussgesetz (UVG) Kinder,

- die das zwölfte Lebensjahr noch nicht vollendet haben,
- die im Geltungsbereich des Gesetzes bei einem Elternteil leben, der ledig, verwitwet oder geschieden ist oder von seinem Ehegatten dauernd getrennt lebt, wobei ein Getrenntleben im Sinne des § 1567 BGB erforderlich ist, oder der Ehegatte oder Lebenspartner wegen Krankheit oder Behinderung oder aufgrund gerichtlicher Anordnung für voraussichtlich wenigstens sechs Monate in einer Anstalt untergebracht sein muss,
- die nicht oder nicht regelmäßig Unterhalt von dem anderen Elternteil oder Waisenbezüge in der in § 2 Abs. 1 und 2 UVG genannten Höhe erhalten. Unpünktliche Zahlungen reichen insoweit nicht.

**Kind hat Anspruch**

Anspruchsberechtigt ist das Kind, wobei der Antrag beim Jugendamt schriftlich von dem Elternteil, bei dem das Kind lebt, oder vom gesetzlichen Vertreter des Berechtigten gestellt werden kann.

!

Der Anspruch ist ausgeschlossen, wenn der Elternteil, bei dem das Kind lebt, erneut verheiratet ist oder eine Partnerschaft nach dem Lebenspartnerschaftgesetz eingeht. Das gilt ebenso, wenn die geschuldete Mitwirkung des beantragenden Elternteils nicht erbracht wird. Das ist zum Beispiel der Fall, wenn die für die Feststellung der Vaterschaft oder des Aufenthalts des anderen Elternteils erforderlichen Auskünfte nicht erteilt werden.

## 5.2 Höhe und Dauer: Was es an Vorschuss gibt

§

Der Anspruch auf Unterhaltsvorschuss ist auf maximal 72 Monate begrenzt und orientiert sich der Höhe nach am jeweiligen Mindestunterhalt. Von diesem Betrag wird das volle Kindergeld in Abzug gebracht, sodass sich aktuell folgende Unterhaltsvorschussleistungen ergeben:

- Kind in der ersten Altersgruppe:
  317 Euro abzüglich 184 Euro Kindergeld = 133 Euro
- Kind in der zweiten Altersgruppe:
  364 Euro abzüglich 184 Euro Kindergeld = 180 Euro

## 5.3 Forderungsübergang: Der Staat holt sich sein Geld zurück

§

Sobald Hartz-IV-Leistungen oder Unterhaltsvorschuss empfangen werden, geht in dieser Höhe der Unterhaltsanspruch des Kindes gegen den zum Unterhalt verpflichteten Elternteil auf den Staat über, § 7 UVG, § 94 SGB XII. Übergang bedeutet, dass nicht mehr das Kind, sondern nur der Staat den Anspruch geltend machen kann, um sich die gewährte Leistung vom Verpflichteten zurückzuholen. Mit dem Übergang soll eine doppelte Beanspruchung des Unterhaltspflichtigen und die Belastung der Staatskasse vermieden werden. Aufgrund des gesetzlichen Übergangs ist das Kind in Höhe der empfangenen Leistungen gehindert, den Anspruch gegen den Unterhaltspflichtigen gerichtlich durchzusetzen.

**Rechtswahrungsanzeige**

Damit der Staat seine Ansprüche gegen den eigentlich Unterhaltspflichtigen durchsetzen kann, muss er diesem zunächst mittels Rechtswahrungsanzeige mitteilen, dass Leistungen an den Bedürftigen erbracht werden. Erst ab Zugang dieser Anzeige schuldet der Unterhaltspflichtige entsprechend seiner Leistungsfähigkeit den Unterhalt.

!

Zahlen Sie als Unterhaltspflichtiger nach Erhalt der Rechtswahrungsanzeige trotzdem weiter Unterhalt an den Bedürftigen, müssen Sie damit rechnen, dass Sie dem Staat die erbrachten Leistungen zu erstatten haben.

# Kapitel 4
# Namensrecht

Im Rahmen der Trennung oder Scheidung stellt sich oftmals auch die Frage, ob der Name geändert werden kann.

## 1. Namensänderung aufgrund der Eheauflösung

§

Die Auflösung der Ehe als solche ist grundsätzlich ohne namensrechtliche Folgen. Die Eltern und das Kind behalten daher auch nach Ausspruch der Scheidung den Ehenamen.

Der geschiedene Elternteil hat jedoch die Möglichkeit, den Ehenamen abzuwählen und seinen Geburtsnamen oder den Ehenamen aus einer früheren Ehe wieder aufzunehmen, § 1355 Abs. 5 BGB.

!

Anders verhält es sich mit dem ehelichen Kind. Dieses be hält den Ehenamen, auch wenn der betreuende Elternteil zu seinem Geburts- oder früheren Ehenamen zurückkehrt. Grund für die Beibehaltung ist die gewollte Namenskontinuität und der Bezug zum anderen Elternteil.

## 2. Namensänderung aufgrund des Namenänderungsgesetzes (NamÄndG)

**Nur aus wichtigem Grund**

Eine Änderungsmöglichkeit besteht nur nach § 3 NamÄndG, wonach eine Änderung des Kindesnamens lediglich aus wichtigem Grund möglich ist. Dabei muss die Namensänderung nicht nur förderlich, sondern vielmehr erforderlich sein. So könne etwa aus zahlreichen Strafverfahren und einem Haftbefehl gegen den Kindesvater noch nicht der zwingende Schluss gezogen werden, eine Namensänderung sei zum Wohl des Kindes erforderlich (BVerwG, FamRZ, 2002, S. 1104).

## 3. Einbenennung des Kindes bei neuem Ehepartner

§

Hat der geschiedene (mit)sorgeberechtigte Elternteil wieder neu geheiratet und lebt das Kind mit im Ehehaushalt, kommt eine Einbenennung des Kindes nach § 1618 BGB in Betracht. Unter Einbenennung ist die Übertragung des (neuen) Ehenamens auf das Kind zu verstehen. Voraussetzungen sind die

- Einbenennungserklärung des Sorgerechtsinhabers,
- Einbenennungserklärung des neuen Ehegatten,
- Führung des neuen Ehenamens,
- Aufnahme des unverheirateten Kindes in den gemeinsamen Haushalt,
- Zustimmung des anderen sorgeberechtigten Elternteils, wenn das Kind seinen Namen führt, oder – unabhängig von der Namensführung – wenn er mitsorgeberechtigt ist,
- Einwilligung des über fünf Jahre alten Kindes.

**Additive Einbenennung**

Bei Vorliegen der Voraussetzungen kann der einbenennende Elternteil dem Kind seinen neuen Ehenamen erteilen oder seinen neuen Ehenamen dem Geburtsnamen des Kindes voranstellen und anfügen, sogenannte additive Einbenennung.

**Zustimmung des Kindes**

Nach § 1618 Satz 3 BGB muss das über fünf Jahre alte Kind zustimmen. Wenn es noch nicht das 14. Lebensjahr vollendet hat, wird seine Erklärung vom gesetzlichen Vertreter, also vom Sorgerechtsinhaber abgegeben. Ab Vollendung des 14. Lebensjahres gibt das Kind die Erklärung selbst ab, braucht aber hierzu die Zustimmung seines gesetzlichen Vertreters.

!

Verweigert der andere Elternteil des Kindes die Zustimmung, kann diese gerichtlich ersetzt werden, wenn die Einbenennung zum Wohle des Kindes erforderlich ist, § 1618 Satz 4 BGB. Erforderlich ist die Einbenennung des Kindes nur dann, wenn sie aus Gründen des Kindeswohles unabdingbar nötig ist. Es müssen ohne die Ersetzung konkret zu erwartende Schäden für das Kind zu befürchten sein. Ob dies der Fall ist, muss im Rahmen einer Gesamtbewertung aller Umstände für das Kind und einer Interessenabwägung geprüft werden.

**Abwägung** Innerhalb der Abwägung ist zu berücksichtigen, dass die Einbenennung die Ausnahme darstellt und es in der heutigen Zeit nicht mehr ungewöhnlich ist, wenn die Namen von Eltern und Kind auseinanderfallen. Wichtig sind bei der Abwägung auch der Aspekt der Namenskontinuität und die seit der Trennung gewachsenen Beziehungen des Kindes in der neuen Familie, darunter auch das Verhältnis zu Stief- und Halbgeschwistern sowie die Interessen des anderen Elternteils an der Beibehaltung des Namens.

**Einzelfälle** Im Folgenden finden Sie einige Beispiele, in denen die Einbenennung abgelehnt oder akzeptiert wurde. Letztlich ist aber immer der Einzelfall maßgeblich, sodass sich eine schematische Übertragung verbietet.

Die Einbenennung wurde abgelehnt, wenn

- wegen der unterschiedlichen Namen mehrfach nachgefragt wurde,
- der andere Elternteil mangels Leistungsfähigkeit keinen Kindesunterhalt zahlen konnte,
- die Interessen des betreuenden Elternteils alleiniger Grund sind,
- das Kind gelegentlich gehänselt wurde.

Der Einbenennung wurde stattgegeben, wenn

- ein neun Jahre altes Kind bereits seit mehreren Jahren unter dem neuen, noch nicht offiziell einbenannten Namen bekannt ist,
- der andere Elternteil keinen Kontakt mehr zu seinem Kind wünscht und auch Umgangskontakte ablehnt,
- der andere Elternteil keinen Unterhalt für das Kind zahlt und seine Bereitschaft zur Freigabe der Adoption seines Kindes erklärt hat.

# Anhang

## 1. Düsseldorfer Tabelle[1] (Stand 1. 1. 2010)

### A. Kindesunterhalt

| | Nettoeinkommen des Barunterhaltspflichtigen (Anm. 3, 4) | Altersstufen in Jahren (§ 1612 a Abs. 1 BGB) | | | | Prozentsatz | Bedarfskontrollbetrag (Anm. 6) |
|---|---|---|---|---|---|---|---|
| | | 0 – 5 | 6 – 11 | 12 – 17 | ab 18 | | |
| Alle Beträge in Euro | | | | | | | |
| 1. | bis 1.500 | 317 | 364 | 426 | 488 | 100 | 770/900 |
| 2. | 1.501–1.900 | 333 | 383 | 448 | 513 | 105 | 1.000 |
| 3. | 1.901–2.300 | 349 | 401 | 469 | 537 | 110 | 1.100 |
| 4. | 2.301–2.700 | 365 | 419 | 490 | 562 | 115 | 1.200 |
| 5. | 2.701–3.100 | 381 | 437 | 512 | 586 | 120 | 1.300 |
| 6. | 3.101–3.500 | 406 | 466 | 546 | 625 | 128 | 1.400 |
| 7. | 3.501–3.900 | 432 | 496 | 580 | 664 | 136 | 1.500 |
| 8. | 3.901–4.300 | 457 | 525 | 614 | 703 | 144 | 1.600 |
| 9. | 4.301–4.700 | 482 | 554 | 648 | 742 | 152 | 1.700 |
| 10. | 4.701–5.100 | 508 | 583 | 682 | 781 | 160 | 1.800 |
| | ab 5.101 | nach den Umständen des Falles | | | | | |

**Anmerkungen:**

1. Die Tabelle hat keine Gesetzeskraft, sondern stellt eine Richtlinie dar. Sie weist den monatlichen Unterhaltsbedarf aus, bezogen auf zwei Unterhaltsberechtigte, ohne Rücksicht auf den Rang. Der Bedarf ist nicht identisch

---

1 Die neue Tabelle nebst Anmerkungen beruht auf Koordinierungsgesprächen, die unter Beteiligung aller Oberlandesgerichte und der Unterhaltskommission des Deutschen Familiengerichtstages e.V. stattgefunden haben.

mit dem Zahlbetrag; dieser ergibt sich unter Berücksichtigung der nachfolgenden Anmerkungen.

Bei einer größeren/geringeren Anzahl Unterhaltsberechtigter können *Ab-oder Zuschläge* durch Einstufung in niedrigere/höhere Gruppen angemessen sein. Anmerkung 6 ist zu beachten. Zur Deckung des notwendigen Mindestbedarfs aller Beteiligten – einschließlich des Ehegatten – ist gegebenenfalls eine Herabstufung bis in die unterste Tabellengruppe vorzunehmen. Reicht das verfügbare Einkommen auch dann nicht aus, setzt sich der Vorrang der Kinder im Sinne von Anm. 5 Abs. 1 durch. Gegebenenfalls erfolgt zwischen den erstrangigen Unterhaltsberechtigten eine Mangelberechnung nach Abschnitt C.

2. Die Richtsätze der 1. Einkommensgruppe entsprechen dem Mindestbedarf in Euro gemäß § 1612 a BGB. Der Prozentsatz drückt die Steigerung des Richtsatzes der jeweiligen Einkommensgruppe gegenüber dem Mindestbedarf (= 1. Einkommensgruppe) aus. Die durch Multiplikation des gerundeten Mindestbedarfs mit dem Prozentsatz errechneten Beträge sind entsprechend § 1612 a Abs. 2 S. 2 BGB aufgerundet.

3. *Berufsbedingte Aufwendungen*, die sich von den privaten Lebenshaltungskosten nach objektiven Merkmalen eindeutig abgrenzen lassen, sind vom Einkommen abzuziehen, wobei bei entsprechenden Anhaltspunkten eine Pauschale von 5 Prozent des Nettoeinkommens – mindestens 50 Euro, bei geringfügiger Teilzeitarbeit auch weniger, und höchstens 150 Euro monatlich – geschätzt werden kann. Übersteigen die berufsbedingten Aufwendungen die Pauschale, sind sie insgesamt nachzuweisen.

4. Berücksichtigungsfähige Schulden sind in der Regel vom Einkommen abzuziehen.

5. Der *notwendige Eigenbedarf (Selbstbehalt)*
   – gegenüber minderjährigen unverheirateten Kindern,

- gegenüber volljährigen unverheirateten Kindern bis zur Vollendung des 21. Lebensjahres, die im Haushalt der Eltern oder eines Elternteils leben und sich in der allgemeinen Schulausbildung befinden,
- beträgt beim nicht erwerbstätigen Unterhaltspflichtigen monatlich 770 Euro, beim erwerbstätigen Unterhaltspflichtigen monatlich 900 Euro. Hierin sind bis 360 Euro für Unterkunft einschließlich umlagefähiger Nebenkosten und Heizung (Warmmiete) enthalten. Der Selbstbehalt kann angemessen erhöht werden, wenn dieser Betrag im Einzelfall erheblich überschritten wird und dies nicht vermeidbar ist.

Der *angemessene Eigenbedarf*, insbesondere gegenüber anderen volljährigen Kindern, beträgt in der Regel mindestens monatlich 1.100 Euro. Darin ist eine Warmmiete bis 450 Euro enthalten.

6. Der *Bedarfskontrollbetrag* des Unterhaltspflichtigen ab Gruppe 2 ist nicht identisch mit dem Eigenbedarf. Er soll eine ausgewogene Verteilung des Einkommens zwischen dem Unterhaltspflichtigen und den unterhaltsberechtigten Kindern gewährleisten. Wird er unter Berücksichtigung anderer Unterhaltspflichten unterschritten, ist der Tabellenbetrag der nächst niedrigeren Gruppe, deren Bedarfskontrollbetrag nicht unterschritten wird, anzusetzen.

7. Bei *volljährigen Kindern*, die noch im Haushalt der Eltern oder eines Elternteils wohnen, bemisst sich der Unterhalt nach der 4. Altersstufe der Tabelle.

   Der angemessene Gesamtunterhaltsbedarf eines Studierenden, der nicht bei seinen Eltern oder einem Elternteil wohnt, beträgt in der Regel monatlich 640 Euro. Hierin sind bis 270 Euro für Unterkunft einschließlich umlagefähiger Nebenkosten und Heizung (Warmmiete) enthalten. Dieser Bedarfssatz kann auch für ein Kind mit eigenem Haushalt angesetzt werden.

8. Die *Ausbildungsvergütung* eines in der Berufsausbildung stehenden Kindes, das im Haushalt der Eltern oder eines Elternteils wohnt, ist vor ihrer Anrechnung in der Regel um einen ausbildungsbedingten Mehrbedarf von monatlich 90 Euro zu kürzen.

9. In den Bedarfsbeträgen (Anmerkungen 1 und 7) sind *Beiträge zur Kranken-und Pflegeversicherung sowie Studiengebühren* nicht enthalten.

10. Das auf das jeweilige Kind entfallende *Kindergeld* ist nach § 1612 b BGB auf den Tabellenunterhalt (Bedarf) anzurechnen.

## B. Ehegattenunterhalt

I. *Monatliche Unterhaltsrichtsätze des berechtigten Ehegatten ohne unterhaltsberechtigte Kinder (§§ 1361, 1569, 1578, 1581 BGB):*

1. gegen einen erwerbstätigen Unterhaltspflichtigen:

a) wenn der Berechtigte kein Einkommen hat:

3/7 des anrechenbaren Erwerbseinkommens zuzüglich 1/2 der anrechenbaren sonstigen Einkünfte des Pflichtigen, nach oben begrenzt durch den vollen Unterhalt, gemessen an den zu berücksichtigenden ehelichen Verhältnissen;

b) wenn der Berechtigte ebenfalls Einkommen hat:

3/7 der Differenz zwischen den anrechenbaren Erwerbseinkommen der Ehegatten, insgesamt begrenzt durch den vollen ehelichen Bedarf; für sonstige anrechenbare Einkünfte gilt der Halbteilungsgrundsatz;

c) wenn der Berechtigte erwerbstätig ist, obwohl ihn keine Erwerbsobliegenheit trifft:

gemäß § 1577 Abs. 2 BGB;

2. gegen einen nicht *erwerbstätigen Unterhaltspflichtigen* (z. B. Rentner):

   wie zu 1 a, b oder c, jedoch 50 Prozent

II. *Fortgeltung früheren Rechts:*

1. Monatliche Unterhaltsrichtsätze des nach dem Ehegesetz berechtigten Ehegatten *ohne unterhaltsberechtigte Kinder:*

   a) §§ 58, 59 EheG: in der Regel wie I,

   b) § 60 EheG: in der Regel 1/2 des Unterhalts zu I,

   c) § 61 EheG: nach Billigkeit bis zu den Sätzen I.

2. Bei Ehegatten, die vor dem 3. 10. 1990 in der früheren DDR geschieden worden sind, ist das DDRFGB in Verbindung mit dem Einigungsvertrag zu berücksichtigen (Art. 234 § 5 EGBGB).

III. *Monatliche Unterhaltsrichtsätze des berechtigten Ehegatten, wenn die ehelichen Lebensverhältnisse durch Unterhaltspflichten gegenüber Kindern geprägt werden:*

Wie zu I beziehungsweise II 1, jedoch wird grundsätzlich der Kindesunterhalt (Zahlbetrag; vgl. Anm. C und Anhang) vorab vom Nettoeinkommen abgezogen.

IV. *Monatlicher Eigenbedarf (Selbstbehalt) gegenüber dem getrennt lebenden und dem geschiedenen Berechtigten:*

| | |
|---|---|
| unabhängig davon, ob erwerbstätig oder nicht erwerbstätig | 1.000 Euro |

V. *Existenzminimum des unterhaltsberechtigten Ehegatten einschließlich des trennungsbedingten Mehrbedarfs in der Regel:*

| | |
|---|---|
| 1. falls erwerbstätig: | 900 Euro |
| 2. falls nicht erwerbstätig: | 770 Euro |

VI. *Monatlicher notwendiger Eigenbedarf des Ehegatten, der in einem gemeinsamen Haushalt mit dem Unterhaltspflichtigen lebt, gegenüber nicht privilegierten volljährigen Kindern oder nachrangigen (geschiedenen) Ehegatten:*

unabhängig davon, ob erwerbstätig oder nicht erwerbstätig: 800 Euro

**Anmerkung zu I–III:**

Hinsichtlich *berufsbedingter Aufwendungen* und *berücksichtigungsfähiger Schulden* gelten Anmerkungen A. 3 und 4 – auch für den erwerbstätigen Unterhaltsberechtigten – entsprechend. Diejenigen berufsbedingten Aufwendungen, die sich nicht nach objektiven Merkmalen eindeutig von den privaten Lebenshaltungskosten abgrenzen lassen, sind pauschal im Erwerbstätigenbonus von 1/7 enthalten.

## C. Mangelfälle

Reicht das Einkommen zur Deckung des Bedarfs des Unterhaltspflichtigen und der gleichrangigen Unterhaltsberechtigten nicht aus (sogenannte Mangelfälle), ist die nach Abzug des notwendigen Eigenbedarfs (Selbstbehalt) des Unterhaltspflichtigen verbleibende Verteilungsmasse auf die Unterhaltsberechtigten im Verhältnis ihrer jeweiligen Einsatzbeträge gleichmäßig zu verteilen.

Der Einsatzbetrag für den *Kindesunterhalt* entspricht dem Zahlbetrag des Unterhaltspflichtigen. Dies ist der nach Anrechnung des Kindergelds oder von Einkünften auf den Unterhaltsbedarf verbleibende Restbedarf.

**Beispiel:** Bereinigtes Nettoeinkommen des Unterhaltspflichtigen (M): 1.300 Euro. Unterhalt für drei unterhaltsberechtigte Kinder im Alter von 18 Jahren (K1), 7 Jahren (K2) und 5 Jahren (K3), Schüler, die bei der nicht unterhaltsberechtigten, den Kindern nicht barunterhaltspflichtigen Ehefrau und Mutter (F) leben. F bezieht das Kindergeld.

Notwendiger Eigenbedarf des M: 900 Euro

Verteilungsmasse: 1.300 Euro – 900 Euro = 400 Euro

Summe der Einsatzbeträge der Unterhaltsberechtigten:

304 Euro (488–184) (K1) + 272 Euro (364–92) (K2)
+ 222 Euro (317–95) (K3) = 798 Euro

Unterhalt:

K 1: 304 x 400 : 798 = 152,38 Euro
K 2: 272 x 400 : 798 = 136,34 Euro
K 3: 222 x 400 : 798 = 111,28 Euro

## D. Verwandtenunterhalt und Unterhalt nach § 1615 l BGB

I. *Angemessener Selbstbehalt gegenüber den Eltern:* mindestens monatlich 1.400 Euro (einschließlich 450 Euro Warmmiete) zuzüglich der Hälfte des darüber hinausgehenden Einkommens. Der angemessene Unterhalt des mit dem Unterhaltspflichtigen zusammenlebenden Ehegatten bemisst sich nach den ehelichen Lebensverhältnissen (Halbteilungsgrundsatz), beträgt jedoch mindestens 1.050 Euro (einschließlich 350 Euro Warmmiete).

II. *Bedarf der Mutter und des Vaters eines nichtehelichen Kindes* (§ 1615 l BGB): nach der Lebensstellung des betreuenden Elternteils, in der Regel mindestens 770 Euro. Angemessener Selbstbehalt gegenüber der Mutter und dem Vater eines nichtehelichen Kindes (§§ 1615 l, 1603 Abs. 1 BGB): unabhängig davon, ob erwerbstätig oder nicht erwerbstätig: 1.000 Euro.

## E. Übergangsregelung

**Umrechnung dynamischer Titel über Kindesunterhalt nach § 36 Nr. 3 EGZPO:** Ist Kindesunterhalt als Prozentsatz des jeweiligen Regelbetrags zu leisten, bleibt der Titel bestehen. **Eine Abänderung ist nicht erforderlich.** An die Stelle des bisherigen Prozentsatzes vom Regelbetrag tritt ein neuer Prozentsatz vom Mindestunterhalt (Stand: 1. 1. 2008). Dieser ist für die jeweils maßgebliche Altersstufe gesondert zu bestimmen und auf eine Stelle nach dem Komma zu begrenzen (§ 36 Nr. 3 EGZPO). Der Bedarf ergibt sich aus der Multiplikation des neuen Prozentsatzes mit dem Mindestunterhalt der jeweiligen Altersstufe und ist auf volle Euro aufzurunden (§ 1612a Abs. 2 S. 2 BGB). Der Zahlbetrag ergibt sich aus dem um das jeweils anteilige Kindergeld verminderten beziehungsweise erhöhten Bedarf.

Es sind **vier Fallgestaltungen** zu unterscheiden:

1. Der Titel sieht die Anrechnung des hälftigen Kindergeldes (für das 1. bis 3. Kind 77 Euro, ab dem 4. Kind 89,50 Euro) oder eine teilweise Anrechnung des Kindergeldes vor (§ 36 Nr. 3 a EGZPO).

$$\frac{\text{(Bisheriger Zahlbetrag + 1/2 Kindergeld) x 100}}{\text{Mindestunterhalt der jeweiligen Altersstufe}} = \text{Prozentsatz neu}$$

**Beispiel für 1. Altersstufe**

$$\frac{\text{(196 Euro + 77 Euro) x 100}}{\text{279 Euro}} = 97{,}8\ \%$$

279 Euro x 97,8 % = 272,86 Euro, aufgerundet 273 Euro

**Zahlbetrag: 273 Euro – 77 Euro = 196 Euro**

2. Der Titel sieht die Hinzurechnung des hälftigen Kindergeldes vor (§ 36 Nr. 3 b EGZPO).

$$\frac{\text{(Bisheriger Zahlbetrag + 1/2 Kindergeld) x 100}}{\text{Mindestunterhalt der jeweiligen Altersstufe}} = \text{Prozentsatz neu}$$

**Beispiel für 1. Altersstufe**

$$\frac{\text{(273 Euro + 77 Euro) x 100}}{\text{279 Euro}} = 70{,}2\ \%$$

279 Euro x 70,2 % = 195,85 Euro, aufgerundet 196 Euro

**Zahlbetrag: 196 Euro + 77 Euro = 273 Euro**

3. Der Titel sieht die Anrechnung des vollen Kindergeldes vor (§ 36 Nr. 3 c EGZPO).

$$\frac{\text{Zahlbetrag + 1/1 Kindergeld) x 100}}{\text{Mindestunterhalt der jeweiligen Altersstufe}} = \text{Prozentsatz neu}$$

**Beispiel für 2. Altersstufe**

$$\frac{\text{(177 Euro + 154 Euro) x 100}}{\text{322 Euro}} = 102{,}7\ \%$$

322 Euro x 102,7 % = 330,69 Euro, aufgerundet 331 Euro

**Zahlbetrag: 331 Euro – 154 Euro = 177 Euro**

4. Der Titel sieht weder eine Anrechnung noch eine Hinzurechnung des Kindergeldes vor (§ 36 Nr. 3 d EGZPO).

$$\frac{\text{Zahlbetrag + 1/2 Kindergeld) x 100}}{\text{Mindestunterhalt der jeweiligen Altersstufe}} = \text{Prozentsatz neu}$$

**Beispiel für 3. Altersstufe**

$$\frac{\text{(329 Euro + 77 Euro) x 100}}{\text{365 Euro}} = 111{,}2\ \%$$

365 Euro x 111,2 % = 405,88 Euro, aufgerundet 406 Euro

**Zahlbetrag: 406 Euro – 77 Euro = 329 Euro**

## Anhang: Tabelle Zahlbeträge

Die folgenden Tabellen enthalten die sich nach Abzug des jeweiligen Kindergeldanteils (hälftiges Kindergeld bei Minderjährigen, volles Kindergeld bei Volljährigen) ergebenden Zahlbeträge. Für das 1. und 2. Kind beträgt das Kindergeld derzeit 184 Euro, für das 3. Kind 190 Euro, ab dem 4. Kind 215 Euro.

| 1. und 2. Kind | | 0–5 | 6–11 | 12–17 | ab 18 | % |
|---|---|---|---|---|---|---|
| 1. | bis 1.500 | 225 | 272 | 334 | 304 | 100 |
| 2. | 1.501–1.900 | 241 | 291 | 356 | 329 | 105 |
| 3. | 1.901–2.300 | 257 | 309 | 377 | 353 | 110 |
| 4. | 2.301–2.700 | 273 | 327 | 398 | 378 | 115 |
| 5. | 2.701–3.100 | 289 | 345 | 420 | 402 | 120 |
| 6. | 3.101–3.500 | 314 | 374 | 454 | 441 | 128 |
| 7. | 3.501–3.900 | 340 | 404 | 488 | 480 | 136 |
| 8. | 3.901–4.300 | 365 | 433 | 522 | 519 | 144 |
| 9. | 4.301–4.700 | 390 | 462 | 556 | 558 | 152 |
| 10. | 4.701–5.100 | 416 | 491 | 590 | 597 | 160 |

| 3. Kind | | 0–5 | 6–11 | 12–17 | ab 18 | % |
|---|---|---|---|---|---|---|
| 1. | bis 1.500 | 222 | 269 | 331 | 298 | 100 |
| 2. | 1.501–1.900 | 238 | 288 | 353 | 323 | 105 |
| 3. | 1.901–2.300 | 254 | 306 | 374 | 347 | 110 |
| 4. | 2.301–2.700 | 270 | 324 | 395 | 372 | 115 |
| 5. | 2.701–3.100 | 286 | 342 | 417 | 396 | 120 |
| 6. | 3.101–3.500 | 311 | 371 | 451 | 435 | 128 |
| 7. | 3.501–3.900 | 337 | 401 | 485 | 474 | 136 |
| 8. | 3.901–4.300 | 362 | 430 | 519 | 513 | 144 |
| 9. | 4.301–4.700 | 387 | 459 | 553 | 552 | 152 |
| 10. | 4.701–5.100 | 413 | 488 | 587 | 591 | 160 |

| Ab 4. Kind | | 0–5 | 6–11 | 12–17 | ab 18 | % |
|---|---|---|---|---|---|---|
| 1. | bis 1.500 | 209,50 | 256,50 | 318,50 | 273 | 100 |
| 2. | 1.501–1.900 | 225,50 | 275,50 | 340,50 | 298 | 105 |
| 3. | 1.901–2.300 | 241,50 | 293,50 | 361,50 | 322 | 110 |
| 4. | 2.301–2.700 | 257,50 | 311,50 | 382,50 | 347 | 115 |
| 5. | 2.701–3.100 | 273,50 | 329,50 | 404,50 | 371 | 120 |
| 6. | 3.101–3.500 | 298,50 | 358,50 | 438,50 | 410 | 128 |
| 7. | 3.501–3.900 | 324,50 | 388,50 | 472,50 | 449 | 136 |
| 8. | 3.901–4.300 | 349,50 | 417,50 | 506,50 | 488 | 144 |
| 9. | 4.301–4.700 | 374,50 | 446,50 | 540,50 | 527 | 152 |
| 10. | 4.701–5.100 | 400,50 | 475,50 | 574,50 | 566 | 160 |

## 2. Fundstellen OLG-Leitlinien

OLG Bamberg: www. justiz.bayern.de/olg

OLG Brandenburg: www.olg.brandenburg.de

OLG Braunschweig: www.oberlandesgericht-braunschweig. niedersachsen.de

OLG Bremen: www.oberlandesgericht.bremen.de

OLG Celle: www.oberlandesgericht-celle.niedersachsen.de

OLG Dresden: www.justiz.sachsen.de

OLG Düsseldorf: www.olg-duesseldorf.nrw.de

OLG Frankfurt am Main: www.olg-frankfurt.justiz.hessen.de

OLG Hamburg: www.justiz.hamburg.de/gerichte/olg

OLG Hamm: www.olg-hamm.nrw.de

OLG Jena: www.thueringen.de

OLG Karlsruhe: www.olgkarlsruhe.de

OLG Koblenz: www.justiz.rlp.de

OLG Köln: www.olg-koeln.nrw.de

OLG München: www.justiz.bayern.de/olgm

OLG Naumburg: www.sachsen-anhalt.de

OLG Nürnberg: www.justiz.bayern.de/olg

OLG Oldenburg: www.olg-oldenburg.de

OLG Rostock: www.mv-justiz.de

OLG Saarbrücken: www.solg.saarland.de

OLG Schleswig-Holstein: www.justiz.schleswig-holstein.de

OLG Stuttgart: www.olg-stuttgart.de

OLG Zweibrücken: www.justiz.rlp.de

Kammergericht Berlin: www.berlin.de/sen/justiz/gerichte/ag/famr_formulare.html

## 3. Bürgerliches Gesetzbuch (BGB) – Auszug

**Titel 3**
**Unterhaltspflicht**

**Untertitel 1**
**Allgemeine Vorschriften**

### § 1601 Unterhaltsverpflichtete

Verwandte in gerader Linie sind verpflichtet, einander Unterhalt zu gewähren.

### § 1602 Bedürftigkeit

(1) Unterhaltsberechtigt ist nur, wer außerstande ist, sich selbst zu unterhalten.

(2) Ein minderjähriges unverheiratetes Kind kann von seinen Eltern, auch wenn es Vermögen hat, die Gewährung des Unterhalts insoweit verlangen, als die Einkünfte seines Vermögens und der Ertrag seiner Arbeit zum Unterhalt nicht ausreichen.

### § 1603 Leistungsfähigkeit

(1) Unterhaltspflichtig ist nicht, wer bei Berücksichtigung seiner sonstigen Verpflichtungen außerstande ist, ohne Gefährdung seines angemessenen Unterhalts den Unterhalt zu gewähren.

(2) Befinden sich Eltern in dieser Lage, so sind sie ihren minderjährigen unverheirateten Kindern gegenüber verpflichtet, alle verfügbaren Mittel zu ihrem und der Kinder Unterhalt gleichmäßig zu verwenden. Den minderjährigen unverheirateten Kindern stehen volljährige unverheiratete Kinder bis zur Vollendung des 21. Lebensjahres gleich, solange sie im Haushalt der Eltern oder eines Elternteils leben und sich in der allgemeinen Schulausbildung befinden. Diese Verpflichtung tritt nicht ein, wenn ein anderer unterhaltspflichtiger Verwandter vorhanden ist; sie tritt auch nicht ein gegenüber einem Kind, dessen Unterhalt aus dem Stamme seines Vermögens bestritten werden kann.

...

## § 1605 Auskunftspflicht

(1) Verwandte in gerader Linie sind einander verpflichtet, auf Verlangen über ihre Einkünfte und ihr Vermögen Auskunft zu erteilen, soweit dies zur Feststellung eines Unterhaltsanspruchs oder einer Unterhaltsverpflichtung erforderlich ist. Über die Höhe der Einkünfte sind auf Verlangen Belege, insbesondere Bescheinigungen des Arbeitgebers, vorzulegen. Die §§ 260, 261 sind entsprechend anzuwenden.

(2) Vor Ablauf von zwei Jahren kann Auskunft erneut nur verlangt werden, wenn glaubhaft gemacht wird, dass der zur Auskunft Verpflichtete später wesentlich höhere Einkünfte oder weiteres Vermögen erworben hat.

## § 1606 Rangverhältnisse mehrerer Pflichtiger

(1) Die Abkömmlinge sind vor den Verwandten der aufsteigenden Linie unterhaltspflichtig.

(2) Unter den Abkömmlingen und unter den Verwandten der aufsteigenden Linie haften die näheren vor den entfernteren.

(3) Mehrere gleich nahe Verwandte haften anteilig nach ihren Erwerbs- und Vermögensverhältnissen. Der Elternteil, der ein minderjähriges unverheiratetes Kind betreut, erfüllt seine Verpflichtung, zum Unterhalt des Kindes beizutragen, in der Regel durch die Pflege und die Erziehung des Kindes.

### § 1607 Ersatzhaftung und gesetzlicher Forderungsübergang

(1) Soweit ein Verwandter auf Grund des § 1603 nicht unterhaltspflichtig ist, hat der nach ihm haftende Verwandte den Unterhalt zu gewähren.

(2) Das Gleiche gilt, wenn die Rechtsverfolgung gegen einen Verwandten im Inland ausgeschlossen oder erheblich erschwert ist. Der Anspruch gegen einen solchen Verwandten geht, soweit ein anderer nach Absatz 1 verpflichteter Verwandter den Unterhalt gewährt, auf diesen über.

(3) Der Unterhaltsanspruch eines Kindes gegen einen Elternteil geht, soweit unter den Voraussetzungen des Absatzes 2 Satz 1 anstelle des Elternteils ein anderer, nicht unterhaltspflichtiger Verwandter oder der Ehegatte des anderen Elternteils Unterhalt leistet, auf diesen über. Satz 1 gilt entsprechend, wenn dem Kind ein Dritter als Vater Unterhalt gewährt.

(4) Der Übergang des Unterhaltsanspruchs kann nicht zum Nachteil des Unterhaltsberechtigten geltend gemacht werden.

...

### § 1609 Rangfolge mehrerer Unterhaltsberechtigter

Sind mehrere Unterhaltsberechtigte vorhanden und ist der Unterhaltspflichtige außerstande, allen Unterhalt zu gewähren, gilt folgende Rangfolge:

1. minderjährige unverheiratete Kinder und Kinder im Sinne des § 1603 Abs. 2 Satz 2,
2. Elternteile, die wegen der Betreuung eines Kindes unterhaltsberechtigt sind oder im Fall einer Scheidung wären, sowie Ehegatten und geschiedene Ehegatten bei einer Ehe von langer Dauer; bei der Feststellung einer Ehe von langer Dauer sind auch Nachteile im Sinne des § 1578b Abs. 1 Satz 2 und 3 zu berücksichtigen,
3. Ehegatten und geschiedene Ehegatten, die nicht unter Nummer 2 fallen,
4. Kinder, die nicht unter Nummer 1 fallen,
5. Enkelkinder und weitere Abkömmlinge,
6. Eltern,

7. weitere Verwandte der aufsteigenden Linie; unter ihnen gehen die Näheren den Entfernteren vor.

### § 1610 Maß des Unterhalts

(1) Das Maß des zu gewährenden Unterhalts bestimmt sich nach der Lebensstellung des Bedürftigen (angemessener Unterhalt).

(2) Der Unterhalt umfasst den gesamten Lebensbedarf einschließlich der Kosten einer angemessenen Vorbildung zu einem Beruf, bei einer der Erziehung bedürftigen Person auch die Kosten der Erziehung.

...

### § 1612 Art der Unterhaltsgewährung

(1) Der Unterhalt ist durch Entrichtung einer Geldrente zu gewähren. Der Verpflichtete kann verlangen, dass ihm die Gewährung des Unterhalts in anderer Art gestattet wird, wenn besondere Gründe es rechtfertigen.

(2) Haben Eltern einem unverheirateten Kind Unterhalt zu gewähren, können sie bestimmen, in welcher Art und für welche Zeit im Voraus der Unterhalt gewährt werden soll, sofern auf die Belange des Kindes die gebotene Rücksicht genommen wird. Ist das Kind minderjährig, kann ein Elternteil, dem die Sorge für die Person des Kindes nicht zusteht, eine Bestimmung nur für die Zeit treffen, in der das Kind in seinen Haushalt aufgenommen ist.

(3) Eine Geldrente ist monatlich im Voraus zu zahlen. Der Verpflichtete schuldet den vollen Monatsbetrag auch dann, wenn der Berechtigte im Laufe des Monats stirbt.

### § 1612a Mindestunterhalt minderjähriger Kinder

(1) Ein minderjähriges Kind kann von einem Elternteil, mit dem es nicht in einem Haushalt lebt, den Unterhalt als Prozentsatz des jeweiligen Mindestunterhalts verlangen. Der Mindestunterhalt richtet sich nach dem doppelten Freibetrag für das sächliche Existenzminimum eines Kindes (Kinderfreibetrag) nach § 32 Abs. 6 Satz 1 des Einkommensteuer-

gesetzes. Er beträgt monatlich entsprechend dem Alter des Kindes

1. für die Zeit bis zur Vollendung des sechsten Lebensjahrs (erste Altersstufe) 87 Prozent,
2. für die Zeit vom siebten bis zur Vollendung des zwölften Lebensjahrs (zweite Altersstufe) 100 Prozent und
3. für die Zeit vom 13. Lebensjahr an (dritte Altersstufe) 117 Prozent eines Zwölftels des doppelten Kinderfreibetrags.

(2) Der Prozentsatz ist auf eine Dezimalstelle zu begrenzen; jede weitere sich ergebende Dezimalstelle wird nicht berücksichtigt. Der sich bei der Berechnung des Unterhalts ergebende Betrag ist auf volle Euro aufzurunden.

(3) Der Unterhalt einer höheren Altersstufe ist ab dem Beginn des Monats maßgebend, in dem das Kind das betreffende Lebensjahr vollendet.

### § 1612b Deckung des Barbedarfs durch Kindergeld

(1) Das auf das Kind entfallende Kindergeld ist zur Deckung seines Barbedarfs zu verwenden:

1. zur Hälfte, wenn ein Elternteil seine Unterhaltspflicht durch Betreuung des Kindes erfüllt (§ 1606 Abs. 3 Satz 2);
2. in allen anderen Fällen in voller Höhe.

In diesem Umfang mindert es den Barbedarf des Kindes.

(2) Ist das Kindergeld wegen der Berücksichtigung eines nicht gemeinschaftlichen Kindes erhöht, ist es im Umfang der Erhöhung nicht bedarfsmindernd zu berücksichtigen.

...

### § 1613 Unterhalt für die Vergangenheit

(1) Für die Vergangenheit kann der Berechtigte Erfüllung oder Schadensersatz wegen Nichterfüllung nur von dem Zeitpunkt an fordern, zu welchem der Verpflichtete zum Zwecke der Geltendmachung des Unterhaltsanspruchs aufgefordert worden ist, über seine Einkünfte und sein Vermögen Auskunft zu erteilen, zu welchem der Verpflichtete in Verzug gekommen oder der Unterhaltsanspruch rechtshängig geworden ist. Der Unterhalt wird ab dem Ersten des Monats, in

den die bezeichneten Ereignisse fallen, geschuldet, wenn der Unterhaltsanspruch dem Grunde nach zu diesem Zeitpunkt bestanden hat.

(2) Der Berechtigte kann für die Vergangenheit ohne die Einschränkung des Absatzes 1 Erfüllung verlangen

1. wegen eines unregelmäßigen außergewöhnlich hohen Bedarfs (Sonderbedarf); nach Ablauf eines Jahres seit seiner Entstehung kann dieser Anspruch nur geltend gemacht werden, wenn vorher der Verpflichtete in Verzug gekommen oder der Anspruch rechtshängig geworden ist;
2. für den Zeitraum, in dem er
   a) aus rechtlichen Gründen oder
   b) aus tatsächlichen Gründen, die in den Verantwortungsbereich des Unterhaltspflichtigen fallen,

an der Geltendmachung des Unterhaltsanspruchs gehindert war.

(3) In den Fällen des Absatzes 2 Nr. 2 kann Erfüllung nicht, nur in Teilbeträgen oder erst zu einem späteren Zeitpunkt verlangt werden, soweit die volle oder die sofortige Erfüllung für den Verpflichteten eine unbillige Härte bedeuten würde. Dies gilt auch, soweit ein Dritter vom Verpflichteten Ersatz verlangt, weil er anstelle des Verpflichteten Unterhalt gewährt hat.

### § 1614 Verzicht auf den Unterhaltsanspruch; Vorausleistung

(1) Für die Zukunft kann auf den Unterhalt nicht verzichtet werden.

(2) Durch eine Vorausleistung wird der Verpflichtete bei erneuter Bedürftigkeit des Berechtigten nur für den im § 760 Abs. 2 bestimmten Zeitabschnitt oder, wenn er selbst den Zeitabschnitt zu bestimmen hatte, für einen den Umständen nach angemessenen Zeitabschnitt befreit.

...

## Titel 5
## Elterliche Sorge

### § 1626 Elterliche Sorge, Grundsätze

(1) Die Eltern haben die Pflicht und das Recht, für das minderjährige Kind zu sorgen (elterliche Sorge). Die elterliche Sorge umfasst die Sorge für die Person des Kindes (Personensorge) und das Vermögen des Kindes (Vermögenssorge).

(2) Bei der Pflege und Erziehung berücksichtigen die Eltern die wachsende Fähigkeit und das wachsende Bedürfnis des Kindes zu selbständigem verantwortungsbewusstem Handeln. Sie besprechen mit dem Kind, soweit es nach dessen Entwicklungsstand angezeigt ist, Fragen der elterlichen Sorge und streben Einvernehmen an.

(3) Zum Wohl des Kindes gehört in der Regel der Umgang mit beiden Elternteilen. Gleiches gilt für den Umgang mit anderen Personen, zu denen das Kind Bindungen besitzt, wenn ihre Aufrechterhaltung für seine Entwicklung förderlich ist.

### § 1626a Elterliche Sorge nicht miteinander verheirateter Eltern; Sorgeerklärungen

(1) Sind die Eltern bei der Geburt des Kindes nicht miteinander verheiratet, so steht ihnen die elterliche Sorge dann gemeinsam zu, wenn sie

1. erklären, dass sie die Sorge gemeinsam übernehmen wollen (Sorgeerklärungen), oder
2. einander heiraten.

(2) Im Übrigen hat die Mutter die elterliche Sorge.

**Fußnote**

§ 1626a: Nach Maßgabe der Entscheidungsformel mit Art. 6 Abs. 2 u. 5 GG 100-1 unvereinbar gem. BVerfGE v. 29.1.2003 I 274 – 1 BvL 20/99, 1 BvR 933/01 –

### § 1626b Besondere Wirksamkeitsvoraussetzungen der Sorgeerklärung

(1) Eine Sorgeerklärung unter einer Bedingung oder einer Zeitbestimmung ist unwirksam.

(2) Die Sorgeerklärung kann schon vor der Geburt des Kindes abgegeben werden.

(3) Eine Sorgeerklärung ist unwirksam, soweit eine gerichtliche Entscheidung über die elterliche Sorge nach den

§§ 1671, 1672 getroffen oder eine solche Entscheidung nach § 1696 Abs. 1 geändert wurde..

## § 1626c Persönliche Abgabe; beschränkt geschäftsfähiger Elternteil

(1) Die Eltern können die Sorgeerklärungen nur selbst abgeben.

(2) Die Sorgeerklärung eines beschränkt geschäftsfähigen Elternteils bedarf der Zustimmung seines gesetzlichen Vertreters. Die Zustimmung kann nur von diesem selbst abgegeben werden; § 1626b Abs. 1 und 2 gilt entsprechend. Das Familiengericht hat die Zustimmung auf Antrag des beschränkt geschäftsfähigen Elternteils zu ersetzen, wenn die Sorgeerklärung dem Wohl dieses Elternteils nicht widerspricht.

## § 1626d Form; Mitteilungspflicht

(1) Sorgeerklärungen und Zustimmungen müssen öffentlich beurkundet werden.

(2) Die beurkundende Stelle teilt die Abgabe von Sorgeerklärungen und Zustimmungen unter Angabe des Geburtsdatums und des Geburtsorts des Kindes sowie des Namens, den das Kind zur Zeit der Beurkundung seiner Geburt geführt hat, dem nach § 87c Abs. 6 Satz 2 des Achten Buches Sozialgesetzbuch zuständigen Jugendamt zum Zwecke der Auskunftserteilung nach § 58a des Achten Buches Sozialgesetzbuch unverzüglich mit.

## § 1626e Unwirksamkeit

Sorgeerklärungen und Zustimmungen sind nur unwirksam, wenn sie den Erfordernissen der vorstehenden Vorschriften nicht genügen.

## § 1627 Ausübung der elterlichen Sorge

Die Eltern haben die elterliche Sorge in eigener Verantwortung und in gegenseitigem Einvernehmen zum Wohl des Kindes auszuüben. Bei Meinungsverschiedenheiten müssen sie versuchen, sich zu einigen.

## § 1628 Gerichtliche Entscheidung bei Meinungsverschiedenheiten der Eltern

Können sich die Eltern in einer einzelnen Angelegenheit oder in einer bestimmten Art von Angelegenheiten der elterlichen Sorge, deren Regelung für das Kind von erheblicher Bedeutung ist, nicht einigen, so kann das Familiengericht auf Antrag eines Elternteils die Entscheidung einem Elternteil übertragen. Die Übertragung kann mit Beschränkungen oder mit Auflagen verbunden werden.

## § 1629 Vertretung des Kindes

(1) Die elterliche Sorge umfasst die Vertretung des Kindes. Die Eltern vertreten das Kind gemeinschaftlich; ist eine Willenserklärung gegenüber dem Kind abzugeben, so genügt die Abgabe gegenüber einem Elternteil. Ein Elternteil vertritt das Kind allein, soweit er die elterliche Sorge allein ausübt oder ihm die Entscheidung nach § 1628 übertragen ist. Bei Gefahr im Verzug ist jeder Elternteil dazu berechtigt, alle Rechtshandlungen vorzunehmen, die zum Wohl des Kindes notwendig sind; der andere Elternteil ist unverzüglich zu unterrichten.

(2) Der Vater und die Mutter können das Kind insoweit nicht vertreten, als nach § 1795 ein Vormund von der Vertretung des Kindes ausgeschlossen ist. Steht die elterliche Sorge für ein Kind den Eltern gemeinsam zu, so kann der Elternteil, in dessen Obhut sich das Kind befindet, Unterhaltsansprüche des Kindes gegen den anderen Elternteil geltend machen. Das Familiengericht kann dem Vater und der Mutter nach § 1796 die Vertretung entziehen; dies gilt nicht für die Feststellung der Vaterschaft.

(2a) Der Vater und die Mutter können das Kind in einem gerichtlichen Verfahren nach § 1598a Abs. 2 nicht vertreten.

(3) Sind die Eltern des Kindes miteinander verheiratet, so kann ein Elternteil, solange die Eltern getrennt leben oder eine Ehesache zwischen ihnen anhängig ist, Unterhaltsansprüche des Kindes gegen den anderen Elternteil nur im eigenen Namen geltend machen. Eine von einem Elternteil erwirkte gerichtliche Entscheidung und ein zwischen den

Eltern geschlossener gerichtlicher Vergleich wirken auch für und gegen das Kind.

## § 1629a Beschränkung der Minderjährigenhaftung

(1) Die Haftung für Verbindlichkeiten, die die Eltern im Rahmen ihrer gesetzlichen Vertretungsmacht oder sonstige vertretungsberechtigte Personen im Rahmen ihrer Vertretungsmacht durch Rechtsgeschäft oder eine sonstige Handlung mit Wirkung für das Kind begründet haben, oder die auf Grund eines während der Minderjährigkeit erfolgten Erwerbs von Todes wegen entstanden sind, beschränkt sich auf den Bestand des bei Eintritt der Volljährigkeit vorhandenen Vermögens des Kindes; dasselbe gilt für Verbindlichkeiten aus Rechtsgeschäften, die der Minderjährige gemäß §§ 107, 108 oder § 111 mit Zustimmung seiner Eltern vorgenommen hat oder für Verbindlichkeiten aus Rechtsgeschäften, zu denen die Eltern die Genehmigung des Familiengerichts erhalten haben. Beruft sich der volljährig Gewordene auf die Beschränkung der Haftung, so finden die für die Haftung des Erben geltenden Vorschriften der §§ 1990, 1991 entsprechende Anwendung.

(2) Absatz 1 gilt nicht für Verbindlichkeiten aus dem selbständigen Betrieb eines Erwerbsgeschäfts, soweit der Minderjährige hierzu nach § 112 ermächtigt war, und für Verbindlichkeiten aus Rechtsgeschäften, die allein der Befriedigung seiner persönlichen Bedürfnisse dienten.

(3) Die Rechte der Gläubiger gegen Mitschuldner und Mithaftende, sowie deren Rechte aus einer für die Forderung bestellten Sicherheit oder aus einer deren Bestellung sichernden Vormerkung werden von Absatz 1 nicht berührt.

(4) Hat das volljährig gewordene Mitglied einer Erbengemeinschaft oder Gesellschaft nicht binnen drei Monaten nach Eintritt der Volljährigkeit die Auseinandersetzung des Nachlasses verlangt oder die Kündigung der Gesellschaft erklärt, ist im Zweifel anzunehmen, dass die aus einem solchen Verhältnis herrührende Verbindlichkeit nach dem Eintritt der Volljährigkeit entstanden ist; Entsprechendes gilt für den volljährig gewordenen Inhaber eines Han-

delsgeschäfts, der dieses nicht binnen drei Monaten nach Eintritt der Volljährigkeit einstellt. Unter den in Satz 1 bezeichneten Voraussetzungen wird ferner vermutet, dass das gegenwärtige Vermögen des volljährig Gewordenen bereits bei Eintritt der Volljährigkeit vorhanden war.

### § 1631 Inhalt und Grenzen der Personensorge

(1) Die Personensorge umfasst insbesondere die Pflicht und das Recht, das Kind zu pflegen, zu erziehen, zu beaufsichtigen und seinen Aufenthalt zu bestimmen.

(2) Kinder haben ein Recht auf gewaltfreie Erziehung. Körperliche Bestrafungen, seelische Verletzungen und andere entwürdigende Maßnahmen sind unzulässig.

(3) Das Familiengericht hat die Eltern auf Antrag bei der Ausübung der Personensorge in geeigneten Fällen zu unterstützen.

### § 1631a Ausbildung und Beruf

In Angelegenheiten der Ausbildung und des Berufes nehmen die Eltern insbesondere auf Eignung und Neigung des Kindes Rücksicht. Bestehen Zweifel, so soll der Rat eines Lehrers oder einer anderen geeigneten Person eingeholt werden.

### § 1631b Mit Freiheitsentziehung verbundene Unterbringung

Eine Unterbringung des Kindes, die mit Freiheitsentziehung verbunden ist, bedarf der Genehmigung des Familiengerichts. Die Unterbringung ist zulässig, wenn sie zum Wohl des Kindes, insbesondere zur Abwendung einer erheblichen Selbst- oder Fremdgefährdung, erforderlich ist und der Gefahr nicht auf andere Weise, auch nicht durch andere öffentliche Hilfen, begegnet werden kann. Ohne die Genehmigung ist die Unterbringung nur zulässig, wenn mit dem Aufschub Gefahr verbunden ist; die Genehmigung ist unverzüglich nachzuholen.

## § 1631c Verbot der Sterilisation

Die Eltern können nicht in eine Sterilisation des Kindes einwilligen. Auch das Kind selbst kann nicht in die Sterilisation einwilligen. § 1909 findet keine Anwendung.

## § 1632 Herausgabe des Kindes; Bestimmung des Umgangs; Verbleibensanordnung bei Familienpflege

(1) Die Personensorge umfasst das Recht, die Herausgabe des Kindes von jedem zu verlangen, der es den Eltern oder einem Elternteil widerrechtlich vorenthält.

(2) Die Personensorge umfasst ferner das Recht, den Umgang des Kindes auch mit Wirkung für und gegen Dritte zu bestimmen.

(3) Über Streitigkeiten, die eine Angelegenheit nach Absatz 1 oder 2 betreffen, entscheidet das Familiengericht auf Antrag eines Elternteils.

(4) Lebt das Kind seit längerer Zeit in Familienpflege und wollen die Eltern das Kind von der Pflegeperson wegnehmen, so kann das Familiengericht von Amts wegen oder auf Antrag der Pflegeperson anordnen, dass das Kind bei der Pflegeperson verbleibt, wenn und solange das Kindeswohl durch die Wegnahme gefährdet würde.

## § 1633 Personensorge für verheirateten Minderjährigen

Die Personensorge für einen Minderjährigen, der verheiratet ist oder war, beschränkt sich auf die Vertretung in den persönlichen Angelegenheiten.

## § 1638 Beschränkung der Vermögenssorge

(1) Die Vermögenssorge erstreckt sich nicht auf das Vermögen, welches das Kind von Todes wegen erwirbt oder welches ihm unter Lebenden unentgeltlich zugewendet wird, wenn der Erblasser durch letztwillige Verfügung, der Zuwendende bei der Zuwendung bestimmt hat, dass die Eltern das Vermögen nicht verwalten sollen.

(2) Was das Kind auf Grund eines zu einem solchen Vermögen gehörenden Rechts oder als Ersatz für die Zerstörung,

Beschädigung oder Entziehung eines zu dem Vermögen gehörenden Gegenstands oder durch ein Rechtsgeschäft erwirbt, das sich auf das Vermögen bezieht, können die Eltern gleichfalls nicht verwalten.

(3) Ist durch letztwillige Verfügung oder bei der Zuwendung bestimmt, dass ein Elternteil das Vermögen nicht verwalten soll, so verwaltet es der andere Elternteil. Insoweit vertritt dieser das Kind.

...

### § 1666 Gerichtliche Maßnahmen bei Gefährdung des Kindeswohls

(1) Wird das körperliche, geistige oder seelische Wohl des Kindes oder sein Vermögen gefährdet und sind die Eltern nicht gewillt oder nicht in der Lage, die Gefahr abzuwenden, so hat das Familiengericht die Maßnahmen zu treffen, die zur Abwendung der Gefahr erforderlich sind.

(2) In der Regel ist anzunehmen, dass das Vermögen des Kindes gefährdet ist, wenn der Inhaber der Vermögenssorge seine Unterhaltspflicht gegenüber dem Kind oder seine mit der Vermögenssorge verbundenen Pflichten verletzt oder Anordnungen des Gerichts, die sich auf die Vermögenssorge beziehen, nicht befolgt.

(3) Zu den gerichtlichen Maßnahmen nach Absatz 1 gehören insbesondere

1. Gebote, öffentliche Hilfen wie zum Beispiel Leistungen der Kinder- und Jugendhilfe und der Gesundheitsfürsorge in Anspruch zu nehmen,
2. Gebote, für die Einhaltung der Schulpflicht zu sorgen,
3. Verbote, vorübergehend oder auf unbestimmte Zeit die Familienwohnung oder eine andere Wohnung zu nutzen, sich in einem bestimmten Umkreis der Wohnung aufzuhalten oder zu bestimmende andere Orte aufzusuchen, an denen sich das Kind regelmäßig aufhält,
4. Verbote, Verbindung zum Kind aufzunehmen oder ein Zusammentreffen mit dem Kind herbeizuführen,
5. die Ersetzung von Erklärungen des Inhabers der elterlichen Sorge,

6. die teilweise oder vollständige Entziehung der elterlichen Sorge.

(4) In Angelegenheiten der Personensorge kann das Gericht auch Maßnahmen mit Wirkung gegen einen Dritten treffen.

## § 1666a Grundsatz der Verhältnismäßigkeit; Vorrang öffentlicher Hilfen

(1) Maßnahmen, mit denen eine Trennung des Kindes von der elterlichen Familie verbunden ist, sind nur zulässig, wenn der Gefahr nicht auf andere Weise, auch nicht durch öffentliche Hilfen, begegnet werden kann. Dies gilt auch, wenn einem Elternteil vorübergehend oder auf unbestimmte Zeit die Nutzung der Familienwohnung untersagt werden soll. Wird einem Elternteil oder einem Dritten die Nutzung der vom Kind mitbewohnten oder einer anderen Wohnung untersagt, ist bei der Bemessung der Dauer der Maßnahme auch zu berücksichtigen, ob diesem das Eigentum, das Erbbaurecht oder der Nießbrauch an dem Grundstück zusteht, auf dem sich die Wohnung befindet; Entsprechendes gilt für das Wohnungseigentum, das Dauerwohnrecht, das dingliche Wohnrecht oder wenn der Elternteil oder Dritte Mieter der Wohnung ist.

(2) Die gesamte Personensorge darf nur entzogen werden, wenn andere Maßnahmen erfolglos geblieben sind oder wenn anzunehmen ist, dass sie zur Abwendung der Gefahr nicht ausreichen.

## § 1671 Getrenntleben bei gemeinsamer elterlicher Sorge

(1) Leben Eltern, denen die elterliche Sorge gemeinsam zusteht, nicht nur vorübergehend getrennt, so kann jeder Elternteil beantragen, dass ihm das Familiengericht die elterliche Sorge oder einen Teil der elterlichen Sorge allein überträgt.

(2) Dem Antrag ist stattzugeben, soweit

1. der andere Elternteil zustimmt, es sei denn, dass das Kind das 14. Lebensjahr vollendet hat und der Übertragung widerspricht, oder

2. zu erwarten ist, dass die Aufhebung der gemeinsamen Sorge und die Übertragung auf den Antragsteller dem Wohl des Kindes am besten entspricht.

(3) Dem Antrag ist nicht stattzugeben, soweit die elterliche Sorge auf Grund anderer Vorschriften abweichend geregelt werden muss.

### § 1672 Getrenntleben bei elterlicher Sorge der Mutter

(1) Leben die Eltern nicht nur vorübergehend getrennt und steht die elterliche Sorge nach § 1626a Abs. 2 der Mutter zu, so kann der Vater mit Zustimmung der Mutter beantragen, dass ihm das Familiengericht die elterliche Sorge oder einen Teil der elterlichen Sorge allein überträgt. Dem Antrag ist stattzugeben, wenn die Übertragung dem Wohl des Kindes dient.

(2) Soweit eine Übertragung nach Absatz 1 stattgefunden hat, kann das Familiengericht auf Antrag eines Elternteils mit Zustimmung des anderen Elternteils entscheiden, dass die elterliche Sorge den Eltern gemeinsam zusteht, wenn dies dem Wohl des Kindes nicht widerspricht. Das gilt auch, soweit die Übertragung nach Absatz 1 wieder aufgehoben wurde.

### § 1673 Ruhen der elterlichen Sorge bei rechtlichem Hindernis

(1) Die elterliche Sorge eines Elternteils ruht, wenn er geschäftsunfähig ist.

(2) Das Gleiche gilt, wenn er in der Geschäftsfähigkeit beschränkt ist. Die Personensorge für das Kind steht ihm neben dem gesetzlichen Vertreter des Kindes zu; zur Vertretung des Kindes ist er nicht berechtigt. Bei einer Meinungsverschiedenheit geht die Meinung des minderjährigen Elternteils vor, wenn der gesetzliche Vertreter des Kindes ein Vormund oder Pfleger ist; andernfalls gelten § 1627 Satz 2 und § 1628.

## § 1674 Ruhen der elterlichen Sorge bei tatsächlichem Hindernis

(1) Die elterliche Sorge eines Elternteils ruht, wenn das Familiengericht feststellt, dass er auf längere Zeit die elterliche Sorge tatsächlich nicht ausüben kann.

(2) Die elterliche Sorge lebt wieder auf, wenn das Familiengericht feststellt, dass der Grund des Ruhens nicht mehr besteht.

## § 1675 Wirkung des Ruhens

Solange die elterliche Sorge ruht, ist ein Elternteil nicht berechtigt, sie auszuüben.

## § 1677 Beendigung der Sorge durch Todeserklärung

Die elterliche Sorge eines Elternteils endet, wenn er für tot erklärt oder seine Todeszeit nach den Vorschriften des Verschollenheitsgesetzes festgestellt wird, mit dem Zeitpunkt, der als Zeitpunkt des Todes gilt.

## § 1678 Folgen der tatsächlichen Verhinderung oder des Ruhens für den anderen Elternteil

(1) Ist ein Elternteil tatsächlich verhindert, die elterliche Sorge auszuüben, oder ruht seine elterliche Sorge, so übt der andere Teil die elterliche Sorge allein aus; dies gilt nicht, wenn die elterliche Sorge dem Elternteil nach § 1626a Abs. 2, § 1671 oder § 1672 Abs. 1 allein zustand.

(2) Ruht die elterliche Sorge des Elternteils, dem sie nach § 1626a Abs. 2 allein zustand, und besteht keine Aussicht, dass der Grund des Ruhens wegfallen werde, so hat das Familiengericht die elterliche Sorge dem anderen Elternteil zu übertragen, wenn dies dem Wohl des Kindes dient.

## § 1680 Tod eines Elternteils oder Entziehung des Sorgerechts

(1) Stand die elterliche Sorge den Eltern gemeinsam zu und ist ein Elternteil gestorben, so steht die elterliche Sorge dem überlebenden Elternteil zu.

(2) Ist ein Elternteil, dem die elterliche Sorge gemäß § 1671 oder § 1672 Abs. 1 allein zustand, gestorben, so hat das Familiengericht die elterliche Sorge dem überlebenden Elternteil zu übertragen, wenn dies dem Wohl des Kindes nicht widerspricht. Stand die elterliche Sorge der Mutter gemäß § 1626a Abs. 2 allein zu, so hat das Familiengericht die elterliche Sorge dem Vater zu übertragen, wenn dies dem Wohl des Kindes dient.

(3) Absatz 1 und Absatz 2 Satz 2 gelten entsprechend, soweit einem Elternteil, dem die elterliche Sorge gemeinsam mit dem anderen Elternteil oder gemäß § 1626a Abs. 2 allein zustand, die elterliche Sorge entzogen wird.

...

### § 1684 Umgang des Kindes mit den Eltern

(1) Das Kind hat das Recht auf Umgang mit jedem Elternteil; jeder Elternteil ist zum Umgang mit dem Kind verpflichtet und berechtigt.

(2) Die Eltern haben alles zu unterlassen, was das Verhältnis des Kindes zum jeweils anderen Elternteil beeinträchtigt oder die Erziehung erschwert. Entsprechendes gilt, wenn sich das Kind in der Obhut einer anderen Person befindet.

(3) Das Familiengericht kann über den Umfang des Umgangsrechts entscheiden und seine Ausübung, auch gegenüber Dritten, näher regeln. Es kann die Beteiligten durch Anordnungen zur Erfüllung der in Absatz 2 geregelten Pflicht anhalten. Wird die Pflicht nach Absatz 2 dauerhaft oder wiederholt erheblich verletzt, kann das Familiengericht auch eine Pflegschaft für die Durchführung des Umgangs anordnen (Umgangspflegschaft). Die Umgangspflegschaft umfasst das Recht, die Herausgabe des Kindes zur Durchführung des Umgangs zu verlangen und für die Dauer des Umgangs dessen Aufenthalt zu bestimmen. Die Anordnung ist zu befristen. Für den Ersatz von Aufwendungen und die Vergütung des Umgangspflegers gilt § 277 des Gesetzes über das Verfahren in Familiensachen und in den Angelegenheiten der freiwilligen Gerichtsbarkeit entsprechend.

(4) Das Familiengericht kann das Umgangsrecht oder den Vollzug früherer Entscheidungen über das Umgangsrecht einschränken oder ausschließen, soweit dies zum Wohl des Kindes erforderlich ist. Eine Entscheidung, die das Umgangsrecht oder seinen Vollzug für längere Zeit oder auf Dauer einschränkt oder ausschließt, kann nur ergehen, wenn andernfalls das Wohl des Kindes gefährdet wäre. Das Familiengericht kann insbesondere anordnen, dass der Umgang nur stattfinden darf, wenn ein mitwirkungsbereiter Dritter anwesend ist. Dritter kann auch ein Träger der Jugendhilfe oder ein Verein sein; dieser bestimmt dann jeweils, welche Einzelperson die Aufgabe wahrnimmt.

## § 1685 Umgang des Kindes mit anderen Bezugspersonen

(1) Großeltern und Geschwister haben ein Recht auf Umgang mit dem Kind, wenn dieser dem Wohl des Kindes dient.

(2) Gleiches gilt für enge Bezugspersonen des Kindes, wenn diese für das Kind tatsächliche Verantwortung tragen oder getragen haben (sozial-familiäre Beziehung). Eine Übernahme tatsächlicher Verantwortung ist in der Regel anzunehmen, wenn die Person mit dem Kind längere Zeit in häuslicher Gemeinschaft zusammengelebt hat.

(3) § 1684 Abs. 2 bis 4 gilt entsprechend. Eine Umgangspflegschaft nach § 1684 Abs. 3 Satz 3 bis 5 kann das Familiengericht nur anordnen, wenn die Voraussetzungen des § 1666 Abs. 1 erfüllt sind.

## § 1686 Auskunft über die persönlichen Verhältnisse des Kindes

Jeder Elternteil kann vom anderen Elternteil bei berechtigtem Interesse Auskunft über die persönlichen Verhältnisse des Kindes verlangen, soweit dies dem Wohl des Kindes nicht widerspricht. Über Streitigkeiten entscheidet das Familiengericht.

### § 1687 Ausübung der gemeinsamen Sorge bei Getrenntleben

(1) Leben Eltern, denen die elterliche Sorge gemeinsam zusteht, nicht nur vorübergehend getrennt, so ist bei Entscheidungen in Angelegenheiten, deren Regelung für das Kind von erheblicher Bedeutung ist, ihr gegenseitiges Einvernehmen erforderlich. Der Elternteil, bei dem sich das Kind mit Einwilligung des anderen Elternteils oder auf Grund einer gerichtlichen Entscheidung gewöhnlich aufhält, hat die Befugnis zur alleinigen Entscheidung in Angelegenheiten des täglichen Lebens. Entscheidungen in Angelegenheiten des täglichen Lebens sind in der Regel solche, die häufig vorkommen und die keine schwer abzuändernden Auswirkungen auf die Entwicklung des Kindes haben. Solange sich das Kind mit Einwilligung dieses Elternteils oder auf Grund einer gerichtlichen Entscheidung bei dem anderen Elternteils aufhält, hat dieser die Befugnis zur alleinigen Entscheidung in Angelegenheiten der tatsächlichen Betreuung. § 1629 Abs. 1 Satz 4 und § 1684 Abs. 2 Satz 1 gelten entsprechend.

(2) Das Familiengericht kann die Befugnisse nach Absatz 1 Satz 2 und 4 einschränken oder ausschließen, wenn dies zum Wohl des Kindes erforderlich ist.

### § 1687a Entscheidungsbefugnisse des nicht sorgeberechtigten Elternteils

Für jeden Elternteil, der nicht Inhaber der elterlichen Sorge ist und bei dem sich das Kind mit Einwilligung des anderen Elternteils oder eines sonstigen Inhabers der Sorge oder auf Grund einer gerichtlichen Entscheidung aufhält, gilt § 1687 Abs. 1 Satz 4 und 5 und Abs. 2 entsprechend.

### § 1687b Sorgerechtliche Befugnisse des Ehegatten

(1) Der Ehegatte eines allein sorgeberechtigten Elternteils, der nicht Elternteil des Kindes ist, hat im Einvernehmen mit dem sorgeberechtigten Elternteil die Befugnis zur Mitentscheidung in Angelegenheiten des täglichen Lebens des Kindes. § 1629 Abs. 2 Satz 1 gilt entsprechend.

(2) Bei Gefahr im Verzug ist der Ehegatte dazu berechtigt, alle Rechtshandlungen vorzunehmen, die zum Wohl des Kindes notwendig sind; der sorgeberechtigte Elternteil ist unverzüglich zu unterrichten.

(3) Das Familiengericht kann die Befugnisse nach Absatz 1 einschränken oder ausschließen, wenn dies zum Wohl des Kindes erforderlich ist.

(4) Die Befugnisse nach Absatz 1 bestehen nicht, wenn die Ehegatten nicht nur vorübergehend getrennt leben.

### § 1688 Entscheidungsbefugnisse der Pflegeperson

(1) Lebt ein Kind für längere Zeit in Familienpflege, so ist die Pflegeperson berechtigt, in Angelegenheiten des täglichen Lebens zu entscheiden sowie den Inhaber der elterlichen Sorge in solchen Angelegenheiten zu vertreten. Sie ist befugt, den Arbeitsverdienst des Kindes zu verwalten sowie Unterhalts-, Versicherungs-, Versorgungs- und sonstige Sozialleistungen für das Kind geltend zu machen und zu verwalten. § 1629 Abs. 1 Satz 4 gilt entsprechend.

(2) Der Pflegeperson steht eine Person gleich, die im Rahmen der Hilfe nach den §§ 34, 35 und 35a Abs. 1 Satz 2 Nr. 3 und 4 des Achten Buches Sozialgesetzbuch die Erziehung und Betreuung eines Kindes übernommen hat.

(3) Die Absätze 1 und 2 gelten nicht, wenn der Inhaber der elterlichen Sorge etwas anderes erklärt. Das Familiengericht kann die Befugnisse nach den Absätzen 1 und 2 einschränken oder ausschließen, wenn dies zum Wohl des Kindes erforderlich ist.

(4) Für eine Person, bei der sich das Kind auf Grund einer gerichtlichen Entscheidung nach § 1632 Abs. 4 oder § 1682 aufhält, gelten die Absätze 1 und 3 mit der Maßgabe, dass die genannten Befugnisse nur das Familiengericht einschränken oder ausschließen kann.

...

### § 1693 Gerichtliche Maßnahmen bei Verhinderung der Eltern

Sind die Eltern verhindert, die elterliche Sorge auszuüben, so hat das Familiengericht die im Interesse des Kindes erforderlichen Maßregeln zu treffen.

...

### § 1696 Abänderung gerichtlicher Entscheidungen und gerichtlich gebilligter Vergleiche

(1) Eine Entscheidung zum Sorge- oder Umgangsrecht oder ein gerichtlich gebilligter Vergleich ist zu ändern, wenn dies aus triftigen, das Wohl des Kindes nachhaltig berührenden Gründen angezeigt ist. § 1672 Abs. 2, § 1680 Abs. 2 Satz 1 sowie § 1681 Abs. 1 und 2 bleiben unberührt.

(2) Eine Maßnahme nach den §§ 1666 bis 1667 oder einer anderen Vorschrift des Bürgerlichen Gesetzbuchs, die nur ergriffen werden darf, wenn dies zur Abwendung einer Kindeswohlgefährdung oder zum Wohl des Kindes erforderlich ist (kindesschutzrechtliche Maßnahme), ist aufzuheben, wenn eine Gefahr für das Wohl des Kindes nicht mehr besteht oder die Erforderlichkeit der Maßnahme entfallen ist.

### § 1697a Kindeswohlprinzip

Soweit nichts anderes bestimmt ist, trifft das Gericht in Verfahren über die in diesem Titel geregelten Angelegenheiten diejenige Entscheidung, die unter Berücksichtigung der tatsächlichen Gegebenheiten und Möglichkeiten sowie der berechtigten Interessen der Beteiligten dem Wohl des Kindes am besten entspricht.

...

## 4. Verbraucherzentralen

**Verbraucherzentrale Baden-Württemberg e. V.**
Paulinenstraße 47, 70178 Stuttgart
Telefon 07 11/66 91-10, Telefax 07 11/66 91-50
www.verbraucherzentrale-bawue.de

**Verbraucherzentrale Bayern e. V.**
Mozartstraße 9, 80336 München
Telefon 0 89/5 39 87-0, Telefax 0 89/53 75 53
www.verbraucherzentrale-bayern.de

**Verbraucherzentrale Berlin e. V.**
Hardenbergplatz 2, 10623 Berlin
Telefon 0 30/2 14 85-0, Telefax 0 30/2 11 72 01
www.verbraucherzentrale-berlin.de

**Verbraucherzentrale Brandenburg e. V.**
Templiner Straße 21, 14473 Potsdam
Telefon 03 31/2 98 71-0, Telefax 03 31/2 98 71-77
www.vzb.de

**Verbraucherzentrale des Landes Bremen e. V.**
Altenweg 4, 28195 Bremen
Telefon 04 21/1 60 77-7, Telefax 04 21/1 60 77-80
www.vz-hb.de

**Verbraucherzentrale Hamburg e. V.**
Kirchenallee 22, 20099 Hamburg
Telefon 0 40/2 48 32-0, Telefax 0 40/2 48 32-2 90
www.vzhh.de

**Verbraucherzentrale Hessen e. V.**
Große Friedberger Straße 13–17, 60313 Frankfurt am Main
Telefon 01805*/97 20 10, Telefax 0 69/97 20 10-50
www.verbraucher.de

*) Festnetzpreis 0,14 €/min.; Mobilfunkpreis maximal 0,42 €/min.

**Neue Verbraucherzentrale in Mecklenburg und Vorpommern e. V.**
Strandstraße 98, 18055 Rostock
Telefon 03 81/2 08 70 50, Telefax 03 81/2 08 70 30
www.nvzmv.de

**Verbraucherzentrale Niedersachsen e. V.**
Herrenstraße 14, 30159 Hannover
Telefon 05 11/9 11 96-0, Telefax 05 11/9 11 96-10
www.vzniedersachsen.de

**Verbraucherzentrale Nordrhein-Westfalen e. V.**
Mintropstraße 27, 40215 Düsseldorf
Telefon 02 11/38 09-0, Telefax 02 11/38 09-1 72
www.vz-nrw.de

**Verbraucherzentrale Rheinland-Pfalz e. V.**
Seppel-Glückert-Passage 10, 55116 Mainz
Telefon 0 61 31/28 48-0, Telefax 0 61 31/28 48-66
www.vz-rlp.de

**Verbraucherzentrale des Saarlandes e. V.**
Trierer Straße 22, 66111 Saarbrücken
Telefon 06 81/5 00 89-0, Telefax 06 81/5 00 89-22
www.vz-saar.de

**Verbraucherzentrale Sachsen e. V.**
Brühl 34–38, 04109 Leipzig
Telefon 03 41/6 69 62 90, Telefax 03 41/6 89 28 26
www.vzs.de

**Verbraucherzentrale Sachsen-Anhalt e. V.**
Steinbockgasse 1, 06108 Halle
Telefon 03 45/2 98 03-29, Telefax 03 45/2 98 03-26
www.vzsa.de

**Verbraucherzentrale Schleswig-Holstein e. V.**
Andreas-Gayk-Straße 15, 24103 Kiel
Telefon 04 31/5 90 99-0, Telefax 04 31/5 90 99-77
www.verbraucherzentrale-sh.de

**Verbraucherzentrale Thüringen e. V.**
Eugen-Richter-Straße 45, 99085 Erfurt
Telefon 03 61/5 55 14-0, Telefax 03 61/5 55 14-40
www.vzth.de

---

**Verbraucherzentrale Bundesverband**
Markgrafenstraße 66, 10969 Berlin
Telefon 0 30/2 58 00-0, Telefax 0 30/2 58 00-2 18
www.vzbv.de

# Stichwortverzeichnis

Herausgeber

Verbraucherzentrale Nordrhein-Westfalen e.V.
Mintropstraße 27, 40215 Düsseldorf
Telefon: 02 11/38 09-5 55
Telefax: 02 11/38 09-2 35
Internet: www.vz-nrw.de
E-Mail: publikationen@vz-nrw.de

| | |
|---|---|
| Autor: | Prof. Dr. Walter Röchling, Viersen, RA Michael Krekeler, Düsseldorf |
| Herausgeber: | Karl-Dieter Möller, Thomas Nell |
| Lektorat: | Wolfgang Starke |
| Redaktion: | RAin Sylvia Isensee, Köln |
| Produktion: | bretzinger : media.production, Karlsruhe |
| Umschlaggestaltung: | Ute Lübbeke, Köln, www.LNT-design.de |
| Umschlagfoto: | plainpicture / PhotoAlto / Franziska Klose |
| Druck/Bindung: | VVA GmbH / Wesel Kommunikation, Baden-Baden |